P9-CBE-440

Para:

_____

De:

_____

Fecha:

_____

SABIDURÍA
BÍBLICA
para tu vida

inspiración para la vida
CASA PROMESA
Una división de Barbour Publishing, Inc.

Contenido

Introducción

¡Cuando tú tienes preguntas, Dios tiene respuestas!

Sabiduría bíblica para tu vida es una selección de más de 1,000 versículos bíblicos agrupados bajo 70 temas clave para la vida. Tomados de varias traducciones para facilitar la lectura, en este libro encontrarás asuntos tales como la ira, el consuelo, el perdón, el amor de Dios, el Espíritu Santo, la paciencia, la paz, la oración, la salvación, la confianza, la sabiduría y la tristeza.

Cada categoría está acompañada por una introducción aplicable a la vida contemporánea mientras que a través de todo el libro encontrarás citas, oraciones y pensamientos devocionales. Esto hará de *Sabiduría bíblica para tu vida* un recurso permanente de estímulo, retos y esperanza.

■ ■ ■

I

Permanecer

Permanecer en Dios quiere decir confiar en Él y vivir
completamente centrados en nuestro Señor. Esto es más
que una «fe» de labios, significa demostrarlo con hechos
cuando enfrentamos las dificultades diarias. Pero esto no
lo podemos hacer en nuestras propias fuerzas. Para que
podamos permanecer en Él, Dios nos llena con su Espíritu.
Cuando la vida parece no estar yendo en la dirección
correcta, permanecer puede ser un auténtico desafío. Pero
podemos permanecer en Cristo o en algo más. Según
como estemos viviendo estará diciéndonos a nosotros
y a los demás dónde están enfocadas nuestras vidas.
¿Dónde tienes depositada tu confianza el día de hoy?

Permaneced en mí, y yo en vosotros. Como el sarmiento no puede dar fruto por sí mismo si no permanece en la vid, así tampoco vosotros si no permanecéis en mí. Yo soy la vid, vosotros los sarmientos; el que permanece en mí y yo en él, ése da mucho fruto, porque separados de mí nada podéis hacer.
JUAN 15:4–5 LBLA

El sarmiento no se preocupa, ni se afana ni se desespera por conseguir el calor del sol y el fresco de la lluvia. No. El sarmiento descansa en la unión y en la comunión que mantiene con la vid; y en el tiempo apropiado se podrá encontrar en él el fruto perfecto. Mantengámonos unidos al Señor Jesucristo.

HUDSON TAYLOR

El que habita al abrigo del Altísimo se acoge a la sombra del Todopoderoso.
SALMOS 91:1 NVI

Los que confían en Jehová son como el monte de Sión, Que no se mueve, sino que permanece para siempre.
SALMOS 125:1 RVR1960

Se puede confiar en el Señor un poco pero nunca se podrá confiar demasiado en Él.

ANÓNIMO

Y yo le pediré a Dios el Padre que les envíe al Espíritu Santo, para que siempre los ayude y siempre esté con ustedes.
JUAN 14:16 TLA

Permanecer en Dios cambia nuestra relación con nuestro prójimo.
No podemos mantenernos en las nubes y caminar con Jesús en la
tierra. Tenemos que tratar día a día con otras personas y a través
de nuestras acciones mostrarles el amor que hemos recibido.

Pero cualquiera que ama a su hermano está en la luz y no habrá
razón para pecar.
1 JUAN 2:10 NUEVA VIDA

Todo el que permanece en El, no peca; todo el que peca, ni le ha
visto ni le ha conocido.
1 JUAN 3:6 LBLA

Así como el Padre me ha amado a mí, también yo los he
amado a ustedes. Permanezcan en mi amor. Si obedecen mis
mandamientos, permanecerán en mi amor, así como yo he
obedecido los mandamientos de mi Padre y permanezco en su
amor.
JUAN 15:9–10 NVI

Yo, la luz, he venido al mundo, para que todo aquel que cree en
mí no permanezca en tinieblas.
JUAN 12:46 RVR1960

Permanecer es un servicio activo de confianza en Dios que
demanda mucho de nosotros pero también nos provee
bendiciones indecibles.

Si ustedes siguen unidos a mí y obedecen todo lo que les he
enseñado, mi Padre les dará todo lo que pidan. Él se sentirá
orgulloso si ustedes dan mucho fruto y viven realmente como
discípulos míos.
JUAN 15:7–8 TLA

Todo el que dice que es de Cristo, debe vivir de la misma manera que Cristo vivió.
1 JUAN 2:6 NUEVA VIDA

Permanecer unidos a Cristo, estar con Él y aprender de Él es tener continuamente ojos para ver, oídos para oír y un corazón para obedecer.
ANGELA McGUFFEY

El que guarda sus mandamientos permanece en El y Dios en él. Y en esto sabemos que El permanece en nosotros: por el Espíritu que nos ha dado.
1 JUAN 3:24 LBLA

Todo el que odia a su hermano es un asesino, y ustedes saben que en ningún asesino permanece la vida eterna.
1 JUAN 3:15 NVI

Cualquiera que se extravía, y no persevera en la doctrina de Cristo, no tiene a Dios; el que persevera en la doctrina de Cristo, ése sí tiene al Padre y al Hijo.
2 JUAN 1:9 RVR1960

Manténgase en contacto permanente con Dios y verá cómo su asombroso poder se manifiesta a su derecha y a su izquierda. Permanezca siempre en un estado de expectación y deje que Dios actúe en usted como Él quiera.
OSWALD CHAMBERS

Ahora, hijos míos, sigan unidos a Cristo. Así, cuando él regrese, lo estaremos esperando confiadamente y no pasaremos por la vergüenza de ser castigados.
1 JUAN 2:28 TLA

2

Aborto

Como cristianos, al asumir una posición firme respecto del aborto, nosotros vamos contra la corriente que fluye de la cultura de hoy. Pero oponernos al aborto no es una mera extravagancia. Los cristianos hemos sido llamados a vivir una vida que glorifique a Dios, quien hizo a la humanidad a su propia semejanza y dotó a cada persona de un inmenso valor. Tan grande fue su aprecio hacia nosotros que envió a su Hijo a morir por nosotros. Aunque habrá personas que consideren la vida algo muy simple, para Dios no lo es.

Creó, pues, Dios al hombre a imagen suya, a imagen de Dios lo creó; varón y hembra los creó.
GÉNESIS 1:27 LBLA

Únicamente las personas que han nacido pueden defender el aborto.
RONALD REAGAN

Que en su mano está la vida de todo ser viviente, y el aliento de toda carne de hombre.
JOB 12:10 LBLA

El Espíritu de Dios me ha creado; me infunde vida el hálito del Todopoderoso.
JOB 33:4 NVI

No matarás.
ÉXODO 20:13 RVR1960

El más grande destructor de la paz es el aborto porque si una madre es capaz de matar a su propio bebé ¿qué problema podría haber en que yo te mate a ti o tú me mates a mí? Ninguno.
MADRE TERESA

Y si algunos hombres luchan entre sí y golpean a una mujer encinta, y ella aborta, sin haber otro daño, ciertamente el culpable será multado según lo que el esposo de la mujer demande de él; y pagará según lo que los jueces decidan. Pero si hubiera algún otro daño, entonces pondrás como castigo, vida por vida, ojo por ojo, diente por diente, mano por mano, pie por pie.
ÉXODO 21:22–24 LBLA

La descendencia de una mujer, Cristo Jesús vino al mundo para
salvar a las mujeres que han destronado a Dios, tomado su lugar,
decidiendo sobre la vida de las personas y estando dispuestas
a matar a sus propios hijos. Esto no es posible revertirlo, pero
sí es posible perdonarlo. Para esto fue que Jesús murió.
JOHN PIPER

El que le quite la vida a otro ser humano será condenado a muerte.
LEVÍTICO 24:17 NVI

No estaba oculto de ti mi cuerpo, cuando en secreto fui formado,
y entretejido en las profundidades de la tierra. Tus ojos vieron
mi embrión, y en tu libro se escribieron todos los días que me
fueron dados, cuando no existía ni uno solo de ellos.
SALMOS 139:15–16 LBLA

Antes de formarte en el vientre, ya te había elegido; antes de que
nacieras, ya te había apartado; te había nombrado profeta para
las naciones.
JEREMÍAS 1:5 NVI

La vida de cada ser humano es un plan de Dios.
HORACE BUSHNELL

Porque será grande delante de Dios. No beberá vino ni sidra, y
será lleno del Espíritu Santo, aun desde el vientre de su madre.
LUCAS 1:15 RVR1960

Los hijos que tenemos son un regalo de Dios. Los hijos que nos
nacen son nuestra recompensa. Los hijos que nos nacen cuando
aún somos jóvenes, hacen que nos sintamos seguros, como
guerreros bien armados. Quien tiene muchos hijos, bien puede
decir que Dios lo ha bendecido. No tendrá de qué avergonzarse
cuando se defienda en público delante de sus enemigos.
SALMOS 127:3–5 TLA

3
Adicción

Advierte contra beber en exceso y asienta principios
que hacen claro que los creyentes no pueden
envolverse en estilos de vida adictivos.

No te juntes con los que beben mucho vino, ni con los que se hartan de carne, pues borrachos y glotones, por su indolencia, acaban harapientos y en la pobreza.

PROVERBIOS 23:20–21 NVI

Si un hombre tiene un hijo terco y rebelde que no obedece a su padre ni a su madre, y cuando lo castigan, ni aun así les hace caso, el padre y la madre lo tomarán y lo llevarán fuera a los ancianos de su ciudad, a la puerta de su ciudad natal, y dirán a los ancianos de la ciudad: "Este hijo nuestro es terco y rebelde, no nos obedece, es glotón y borracho." Entonces todos los hombres de la ciudad lo apedrearán hasta que muera; así quitarás el mal de en medio de ti, y todo Israel oirá esto y temerá.

DEUTERONOMIO 21:18–21 LBLA

¡Cuídense ustedes mismos! No se dejen llevar por los vicios del mucho comer o beber. No dejen que los problemas de esta vida les afecten. Si lo hacen, ese día vendrá sin que estén listos. Vendrá sobre toda la gente en todo el mundo. No se olviden.

LUCAS 21:34–35 NUEVA VIDA

Cuando una pequeña adversidad nos asalta, estamos prontos a desalentarnos y a buscar el consuelo humano. Si como hombres de valor nos esforzáramos y nos mantuviéramos firmes en la batalla, sin ninguna duda que sentiríamos cómo Dios nos ayuda desde los cielos.

THOMAS À KEMPIS

Andemos como de día, honestamente; no en glotonerías y borracheras, no en lujurias y lascivias, no en contiendas y envidia.

ROMANOS 13:13 RVR1960

Jesús les respondió: En verdad, en verdad os digo que todo el que comete pecado es esclavo del pecado.
JUAN 8:34 LBLA

El pecado reina hasta que la gracia soberana lo destrona.
C. H. SPURGEON

Por eso, hermanos, ya no estamos obligados a vivir de acuerdo con nuestros propios deseos. Si ustedes viven de acuerdo a esos deseos, morirán para siempre; pero si por medio del Espíritu Santo ponen fin a esos malos deseos, tendrán vida eterna. Todos los que viven en obediencia al Espíritu de Dios, son hijos de Dios.
ROMANOS 8:12–14 TLA

Las obras de la naturaleza pecaminosa se conocen bien: inmoralidad sexual, impureza y libertinaje; idolatría y brujería; odio, discordia, celos, arrebatos de ira, rivalidades, disensiones, sectarismos y envidia; borracheras, orgías, y otras cosas parecidas. Les advierto ahora, como antes lo hice, que los que practican tales cosas no heredarán el reino de Dios.
GÁLATAS 5:19–21 NVI

El licor hace a la gente tan necia y la gente es tan necia como para empezar con eso que en síntesis, es un delito.
ROBERT BENCHLEY

El vino es escarnecedor, la bebida fuerte alborotadora, y cualquiera que con ellos se embriaga no es sabio.
PROVERBIOS 20:1 LBLA

Así pues, no permitan que el pecado tenga poder sobre sus cuerpos aquí en la tierra.
ROMANOS 6:12 NUEVA VIDA

Porque todos los males comienzan cuando sólo se piensa en el dinero. Por el deseo de amontonarlo, muchos se olvidaron de obedecer a Dios, y acabaron por tener muchos problemas y sufrimientos.
1 Timoteo 6:10 TLA

El vicio del juego: el camino más seguro de lograr nada por algo.
Wilson Mizner

No os embriaguéis con vino, en lo cual hay disolución; antes bien sed llenos del Espíritu.
Efesios 5:18 RVR1960

De todos los vicios, el de la bebida es el más incompatible con la grandeza.
Walter Scott

Pero en esta carta quiero aclararles que no deben relacionarse con nadie que, llamándose hermano, sea inmoral o avaro, idólatra, calumniador, borracho o estafador. Con tal persona ni siquiera deben juntarse para comer.
1 Corintios 5:11 NVI

¿No sabéis que sois templo de Dios y que el Espíritu de Dios habita en vosotros?
1 Corintios 3:16 LBLA

Así que si el Hijo les hace libres, de seguro serán libres.
Juan 8:36 NUEVA VIDA

Ansiamos una vida libre.
David Hawkins

4

Ángeles

En numerosos pasajes de las Escrituras, a menudo
transportan mensajes del Señor para el pueblo de Israel
o para una persona. Ángeles visitaron a María y José en
los preparativos de Dios para el nacimiento de su Hijo.
Los ángeles de Dios aparecieron en tiempos
difíciles en la historia de Israel y a veces fue
una aparición de Jesús pre encarnado.
Pero los ángeles no solo aparecen en el Antiguo
y el Nuevo Testamentos, sino que las Escrituras
dicen que estarán con Jesús en el Juicio Final.
No todos los ángeles, sin embargo, son celestiales.
Satanás y sus servidores cayeron del cielo cuando
Satanás pensó hacerse más grande que Dios.
Con toda claridad las Escrituras describen el
terrible destino de estos ángeles caídos.

Y el ángel de Dios que había ido delante del campamento de Israel, se apartó, e iba tras ellos; y la columna de nube que había ido delante de ellos, se apartó, y se les puso detrás. Y vino a colocarse entre el campamento de Egipto y el campamento de Israel; y estaba la nube junto con las tinieblas; sin embargo, de noche alumbraba a Israel, y en toda la noche no se acercaron los unos a los otros.

ÉXODO 14:19–20 LBLA

> *Los ángeles son los servidores y administradores de la beneficencia*
> *divina hacia nosotros; ellos se preocupan por nuestra seguridad,*
> *asumen nuestra defensa, dirigen nuestro camino y ejercen una*
> *constante preocupación para que nada malo nos ocurra.*
>
> JOHN CALVIN

Allí, junto a un manantial que está en el camino a la región de Sur, la encontró el ángel del SEÑOR y le preguntó: —Agar, esclava de Saray, ¿de dónde vienes y a dónde vas? —Estoy huyendo de mi dueña Saray —respondió ella. —Vuelve junto a ella y sométete a su autoridad —le dijo el ángel—. De tal manera multiplicaré tu descendencia, que no se podrá contar.

GÉNESIS 16:7–10 NVI

Apacentando Moisés las ovejas de Jetro su suegro, sacerdote de Madián, llevó las ovejas a través del desierto, y llegó hasta Horeb, monte de Dios. Y se le apareció el Ángel de Jehová en una llama de fuego en medio de una zarza; y él miró, y vio que la zarza ardía en fuego, y la zarza no se consumía.

ÉXODO 3:1–2 RVR1960

Los siervos restauradores de Dios, sus mensajeros celestiales,
han alentado, sustentado y elevado los espíritus de
muchos santos que flaquearon; y han cambiado muchas
circunstancias desesperadas en perspectivas brillantes.
BILLY GRAHAM

Y aconteció que aquella misma noche salió el ángel del SEÑOR
e hirió a ciento ochenta y cinco mil en el campamento de los
asirios; cuando los demás se levantaron por la mañana, he aquí,
todos eran cadáveres.
2 REYES 19:35 LBLA

El Ángel de la Muerte desplegó sus alas
Y respiró en el rostro del enemigo al pasar;
Y los ojos de los que dormían se abrieron desmesurados,
Y sus corazones se levantaron y todo se silenció.
GEORGE GORDON, LORD BYRON

Zacarías vio a un ángel del Señor, de pie, al lado derecho
del altar donde se quemaba el perfume. Cuando vio al ángel,
Zacarías se puso nervioso y tuvo miedo. El ángel le dijo:
"Zacarías, no tengas miedo. Tu oración se ha oído y tu esposa
Elisabet va a tener un hijo. Le vas a poner por nombre Juan. Vas
a estar contento y tendrás mucho gozo. Muchas personas estarán
felices por su nacimiento. Será grande delante del Señor y nunca
beberá vino ni ninguna bebida fuerte. Desde su nacimiento,
estará lleno del Espíritu Santo. Por él, muchos de los judíos
seguirán al Señor, su Dios. Él será quien predique en el espíritu
y en el poder de Elías, antes de que Cristo venga. Él volverá
los corazones de los padres hacia sus hijos. A aquellos que no
obedecen, les enseñará a estar bien con Dios. Él preparará a la
gente para recibir al Señor."
LUCAS 1:11–17 NUEVA VIDA

Isabel ya tenía seis meses de embarazo cuando Dios mandó al ángel Gabriel a Nazaret, un pueblo de la región de Galilea. Llevaba un mensaje para una joven llamada María. Ella estaba comprometida para casarse con José, quien era descendiente del rey David. El ángel entró al lugar donde estaba María, la saludó y le dijo: —¡Dios te ha bendecido de manera especial! El Señor está contigo. María se sorprendió mucho al oír un saludo tan extraño, y se preguntaba qué significaba eso. Entonces el ángel le dijo: —No tengas miedo, María, porque Dios te ha dado un gran privilegio. Vas a quedar embarazada y tendrás un hijo, a quien le pondrás por nombre Jesús.
LUCAS 1:26–31 TLA

Pero mientras pensaba en esto, he aquí que se le apareció en sueños un ángel del Señor, diciendo: José, hijo de David, no temas recibir a María tu mujer, porque lo que se ha engendrado en ella es del Espíritu Santo. Y dará a luz un hijo, y le pondrás por nombre Jesús, porque El salvará a su pueblo de sus pecados.
MATEO 1:20–21 LBLA

> *Los ángeles glorifican; los hombres examinan; los ángeles*
> *alzan sus voces en alabanza; los hombres en discusiones;*
> *ellos ocultan sus rostros con sus alas; mas el hombre*
> *presuntuosamente, alza la mirada a su indescriptible Gloria.*
> JUAN CRISÓSTOMO

En esa misma región había unos pastores que pasaban la noche en el campo, turnándose para cuidar sus rebaños. Sucedió que un ángel del Señor se les apareció. La gloria del Señor los envolvió en su luz, y se llenaron de temor. Pero el ángel les dijo: «No tengan miedo. Miren que les traigo buenas noticias que serán motivo de mucha alegría para todo el pueblo. Hoy les ha nacido en la ciudad de David un Salvador, que es Cristo el Señor. Esto les servirá de señal: Encontrarán a un niño envuelto en pañales y acostado en un pesebre.»
LUCAS 2:8–12 NVI

Entonces dirá también a los de la izquierda: Apartaos de mí, malditos, al fuego eterno preparado para el diablo y sus ángeles.
MATEO 25:41 RVR1960

Dios no perdonó a los ángeles que pecaron, sino que los mandó al infierno. Allí están, encadenados en la oscuridad, hasta que llegue el día en que Dios juzgue a todos.
2 PEDRO 2:4 TLA

Porque sé que ¡nada ni nadie puede apartarnos del amor de Dios! Ni la muerte, ni la vida, ni ángeles, ni dirigentes, ni ningún poder, ni los sufrimientos presentes o futuros, ni lo alto, ni lo bajo, ni ninguna criatura viviente. ¡Nada ni nadie puede apartarnos del amor de Dios, que es nuestro, por Jesucristo nuestro Señor!
ROMANOS 8:38–39 NUEVA VIDA

De la misma manera, os digo, hay gozo en la presencia de los ángeles de Dios por un pecador que se arrepiente.
LUCAS 15:10 LBLA

La respuesta de Jesús a una pregunta frívola sobre una mujer que se había casado con numerosos hermanos comparó el estado de los creyentes con el de los ángeles, dándonos de esta manera un atisbo de la eternidad.
(LUCAS 20.27-40).

—La gente de este mundo se casa y se da en casamiento —les contestó Jesús—. Pero en cuanto a los que sean dignos de tomar parte en el mundo venidero por la resurrección: ésos no se casarán ni serán dados en casamiento, ni tampoco podrán morir, pues serán como los ángeles. Son hijos de Dios porque toman parte en la resurrección.
LUCAS 20:34–36 NVI

No os olvidéis de la hospitalidad, porque por ella algunos, sin saberlo, hospedaron ángeles.
HEBREOS 13:2 RVR1960

¡Si vamos a juzgar a los mismos ángeles, con mayor razón podemos juzgar los problemas de esta vida!
1 CORINTIOS 6:3 TLA

Sabían que estas cosas no pasarían durante el tiempo en que ellos vivieron, sino que les pasarían a ustedes, muchos años más tarde. Estas son muchas de las cosas que les fueron dichas por aquellos que predicaron las buenas nuevas. El Espíritu Santo, quien fue enviado del cielo, les dio poder. Les habló de cosas que aun los ángeles quisieran saber.
1 PEDRO 1:12 NUEVA VIDA

Pero cuando el Hijo del Hombre venga en su gloria, y todos los ángeles con El, entonces se sentará en el trono de su gloria.
MATEO 25:31 LBLA

5

Ira

Dios no nos dice que nunca debemos enojarnos pero
nos manda a que usemos el enojo con sabiduría.
Cuando nos enojamos ante la maldad, como Él lo
hace, debemos cuidarnos de no pecar. Pero la ira
egoísta e *impulsiva* está casi siempre equivocada.
El pecado es la única cosa que hace enojarse a
Dios. Pero su ira es un enojo santo que castiga al
que hace mal. Pero cualquiera que sinceramente
busca su perdón no tardará en recibirlo.

No andaréis en pos de dioses ajenos, de los dioses de los pueblos que están en vuestros contornos; porque el Dios celoso, Jehová tu Dios, en medio de ti está; para que no se inflame el furor de Jehová tu Dios contra ti, y te destruya de sobre la tierra.
DEUTERONOMIO 6:14–15 RVR1960

Tu ira en verdad nos consume, tu indignación nos aterra. Ante ti has puesto nuestras iniquidades; a la luz de tu presencia, nuestros pecados secretos. Por causa de tu ira se nos va la vida entera; se esfuman nuestros años como un suspiro.
SALMOS 90:7–9 NVI

Cristo tomó sobre sus hombros nuestros pecados y los de todo el mundo, así como también la ira del Padre y los asumió como propio para que nosotros pudiéramos experimentar la reconciliación de Dios y llegáramos a ser completamente justificados.
MARTIN LUTERO

Porque su ira es sólo por un momento, pero su favor es por toda una vida; el llanto puede durar toda la noche, pero a la mañana vendrá el grito de alegría.
SALMOS 30:5 LBLA

El SEÑOR es clemente y compasivo, lento para la ira y grande en amor.
SALMOS 103:8 NVI

Entonces Jehová dijo a Caín: ¿Por qué te has ensañado, y por qué ha decaído tu semblante? Si bien hicieres, ¿no serás enaltecido? y si no hicieres bien, el pecado está a la puerta; con todo esto, a ti será su deseo, y tú te enseñorearás de él.
GÉNESIS 4:6–7 RVR1960

Airaos, pero no pequeis; no se ponga el sol sobre vuestro enojo, ni deis oportunidad al diablo.

EFESIOS 4:26–27 LBLA

La ira santa es como el fuego del pedernal; se requiere de un gran ruido para que se produzca y cuando se consigue, se va inmediatamente.

MATTHEW HENRY

El resentimiento mata a los necios; la envidia mata a los insensatos.

JOB 5:2 NVI

Vale más la soledad que la vida matrimonial con una persona peleonera y de mal genio.

PROVERBIOS 21:19 TLA

La respuesta amable calma el enojo; la respuesta grosera lo enciende más.

PROVERBIOS 15:1 TLA

El mejor remedio para el mal genio es una larga caminata.

JACQUELINE SCHIFF

El lento para la ira tiene gran prudencia, pero el que es irascible ensalza la necedad.

PROVERBIOS 14:29 LBLA

No te hagas amigo de gente violenta, ni te juntes con los iracundos.

PROVERBIOS 22:24 NVI

Si siguiéramos el consejo de este versículo (Proverbios 22.24) ¿cuántos
de nosotros tendríamos amigos? Pero cuán cierto es: si queremos
tener buena relación con los demás, necesitamos tratarlos bien.

La gente que fácil se enoja siempre provoca peleas; la gente
violenta comete muchos errores.
PROVERBIOS 29:22 TLA

Padres, no sean duros con sus hijos para que no se desanimen ni
dejen de hacer lo que es bueno.
COLOSENSES 3:21 NUEVA VIDA

La peculiaridad del mal genio es que es el vicio de los
virtuosos. A menudo es la mancha en una persona
que de otra manera sería de un carácter noble.
HENRY DRUMMOND

Pero yo os digo que todo aquel que esté enojado con su
hermano será culpable ante la corte; y cualquiera que diga:
"Raca" a su hermano, será culpable delante de la corte suprema;
y cualquiera que diga: "Idiota", será reo del infierno de fuego.
MATEO 5:22 LBLA

Hermanos queridos, ustedes saben que todos debemos escuchar
mucho, hablar poco y ser lentos para enojarnos. Pues un hombre
enojado no puede estar bien con Dios.
SANTIAGO 1:19–20 NUEVA VIDA

6

Deslices

Aunque Dios llama a su pueblo a un compromiso de
por vida con Él, es tan fácil que el pecado nos desvíe
de la meta. Pero aun cuando seamos arrastrados por
los engaños de Satanás, Dios nos llama para que nos
volvamos a Él y lo amemos con un corazón íntegro.

Los que confían en el Señor son como el monte Sión, que jamás será conmovido, que permanecerá para siempre.
Salmos 125:1 NVI

De sus caminos será hastiado el necio de corazón; Pero el hombre de bien estará contento del suyo.
Proverbios 14:14 RVR1960

No se contaminarán más con sus ídolos, ni con sus abominaciones, ni con ninguna de sus transgresiones; sino que los libraré de todos los lugares en que pecaron y los limpiaré. Y ellos serán mi pueblo y yo seré su Dios.
Ezequiel 37:23 LBLA

¿Por qué te jactas de tus valles, de tus fértiles valles, hija rebelde, que confías en tus tesoros y dices: "¿Quién me atacará?"? Voy a hacer que te acose el terror por todas partes —afirma el Señor Todopoderoso—. Todos serán expulsados, cada uno por su lado, y nadie reunirá a los fugitivos.
Jeremías 49:4–5 NVI

Pero como la esposa infiel abandona a su compañero, así prevaricasteis contra mí, oh casa de Israel, dice Jehová. Voz fue oída sobre las alturas, llanto de los ruegos de los hijos de Israel; porque han torcido su camino, de Jehová su Dios se han olvidado. Convertíos, hijos rebeldes, y sanaré vuestras rebeliones. He aquí nosotros venimos a ti, porque tú eres Jehová nuestro Dios.
Jeremías 3:20–22 RVR1960

El hombre tiende al pecado
Satanás vive dentro de él
Jesús se entristece por el pecado
Dios hace que todo pecado se vaya.
Friedrich, Freiherr von Logau

Entonces el Señor dijo a Caín: ¿Por qué estás enojado, y por qué se ha demudado tu semblante? Si haces bien, ¿no serás aceptado? Y si no haces bien, el pecado yace a la puerta y te codicia, pero tú debes dominarlo.

Génesis 4:6–7 lbla

> *Por cada persona que le da las espaldas a Cristo, centenares son alejados de Él. El mar de la vida está lleno de corrientes traicioneras y cualquiera de ellas nos puede arrastrar lejos de la entrada al puerto cuando ya la teníamos al alcance de la mano y llevarnos mar adentro.*
>
> F. B. Meyer

Hay muchos que viven como si la muerte de Cristo en la cruz no sirviera de nada. Eso ya se lo había dicho a ustedes varias veces, pero ahora vuelvo a repetirlo con lágrimas en los ojos.

Filipenses 3:18 tla

Si mi pueblo, que lleva mi nombre, se humilla y ora, y me busca y abandona su mala conducta, yo lo escucharé desde el cielo, perdonaré su pecado y restauraré su tierra.

2 Crónicas 7:14 nvi

Tu maldad te castigará, y tus rebeldías te condenarán; sabe, pues, y ve cuán malo y amargo es el haber dejado tú a Jehová tu Dios, y faltar mi temor en ti, dice el Señor, Jehová de los ejércitos.

Jeremías 2:19 rvr1960

> *El pecado y la planta diente de león son muy parecidos. Nunca podrás ganar la batalla contra ellos durante toda la vida.*
>
> William Allen White

Ve y proclama estas palabras al norte, y di: "Regresa, infiel Israel"—declara el Señor—, "no te miraré con ira, porque soy misericordioso"—declara el Señor—; "no guardaré rencor para siempre. Sólo reconoce tu iniquidad, pues contra el Señor tu Dios te has rebelado, has repartido tus favores a los extraños bajo todo árbol frondoso, y no has obedecido mi voz"—declara el Señor. "Volved, hijos infieles"—declara el Señor—, "porque yo soy vuestro dueño, y os tomaré, uno de cada ciudad y dos de cada familia, y os llevaré a Sion." Entonces os daré pastores según mi corazón, que os apacienten con conocimiento y con inteligencia.

JEREMÍAS 3:12–15 LBLA

> *Como Israel en los días de Oseas, tenemos que hacer una decisión: depender del enemigo o del Señor. ¿Buscaremos a Satanás o a nuestro bondadoso Señor Jesús?*

Vuelve, oh Israel, a Jehová tu Dios; porque por tu pecado has caído. Llevad con vosotros palabras de súplica, y volved a Jehová, y decidle: Quita toda iniquidad, y acepta el bien, y te ofreceremos la ofrenda de nuestros labios. No nos librará el asirio; no montaremos en caballos, ni nunca más diremos a la obra de nuestras manos: Dioses nuestros; porque en ti el huérfano alcanzará misericordia. Yo sanaré su rebelión, los amaré de pura gracia; porque mi ira se apartó de ellos.

OSEAS 14:1–4 RVR1960

Jesús dijo a sus seguidores: "Si alguno quiere ser mi seguidor, deberá olvidarse de sí mismo, tomar su cruz y seguirme."

MATEO 16:24 NUEVA VIDA

Antes que empecemos a ver la cruz como algo que se hizo para nosotros, tenemos que verla como algo que se hizo por nosotros.
JOHN STOTT

Puestos los ojos en Jesús, el autor y consumador de la fe, quien por el gozo puesto delante de El soportó la cruz, menospreciando la verguenza, y se ha sentado a la diestra del trono de Dios.
HEBREOS 12:2 LBLA

7

Bendiciones

Dios bendice a su pueblo dándole buenas cosas
y proveyéndole física y espiritualmente.
La Escritura está llena de ejemplos de personas
que fueron bendecidas porque siguieron a Dios.
Nuestro Señor no quiere que acumulemos nuestras
bendiciones; en lugar de eso, necesitamos compartirlas
con otros como parte de nuestro vivir cristiano.

El Señor le dijo a Abram: «Deja tu tierra, tus parientes y la casa de tu padre, y vete a la tierra que te mostraré. »Haré de ti una nación grande, y te bendeciré; haré famoso tu nombre, y serás una bendición. Bendeciré a los que te bendigan y maldeciré a los que te maldigan; ¡por medio de ti serán bendecidas todas las familias de la tierra!»
GÉNESIS 12:1–3 NVI

Hay bendiciones sobre la cabeza del justo; Pero violencia cubrirá la boca de los impíos.
PROVERBIOS 10:6 RVR1960

Si nuestras únicas bendiciones fueran las posesiones, en el cielo seríamos las más pobres de las almas. Pero porque Dios se hizo nuestra mejor bendición, somos ricos tanto aquí como por la eternidad.

El Señor es la porción de mi herencia y de mi copa; tú sustentas mi suerte.
SALMOS 16:5 LBLA

Jesús miró a sus seguidores y les dijo: "Los de ustedes que ahora son pobres, alégrense, porque el reino de Dios es de ustedes. Ustedes que tienen hambre, alégrense, porque serán llenados. Aquellos de ustedes que ahora sufren, alégrense, porque reirán. Sean felices cuando los hombres les odien o no les quieran o hablen mal de ustedes porque ustedes confían y creen en mí. Alégrense en aquel día y gócense, porque su pago será mucho en el cielo. Los padres de los hombres malos hicieron las mismas cosas con los antiguos predicadores.
LUCAS 6:20–23 NUEVA VIDA

Dios nos dio a conocer sus leyes por medio de Moisés, pero por medio de Jesucristo nos hizo conocer el amor y la verdad. Nadie ha visto a Dios jamás; pero el Hijo único, que está más cerca del Padre y que es Dios mismo, nos ha enseñado cómo es Dios. Gracias a lo que el Hijo de Dios es, hemos recibido muchas bendiciones.
JUAN 1:16–18 TLA

*Las bendiciones de Dios son dispensadas según las riquezas
de su gracia, no según la profundidad de nuestra fe.*

MAX LUCADO

A fin de que en Cristo Jesús la bendición de Abraham viniera
a los gentiles, para que recibiéramos la promesa del Espíritu
mediante la fe.
GÁLATAS 3:14 LBLA

Jehová te bendiga, y te guarde; Jehová haga resplandecer su
rostro sobre ti, y tenga de ti misericordia; Jehová alce sobre ti su
rostro, y ponga en ti paz.
NÚMEROS 6:24–26 RVR1960

Bendeciré al SEÑOR en todo tiempo; mis labios siempre lo
alabarán. Mi alma se gloría en el SEÑOR; lo oirán los humildes y se
alegrarán. Engrandezcan al SEÑOR conmigo; exaltemos a una su
nombre.
SALMOS 34:1–3 NVI

*Señor, como los israelitas que entraron en la Tierra Prometida, estamos
agradecidos por haber sido elegidos para recibir tus bendiciones, sin
importar cuantas tribulaciones pudieren venir a nuestras vidas.*

Al cielo y a la tierra pongo hoy como testigos contra vosotros
de que he puesto ante ti la vida y la muerte, la bendición
y la maldición. Escoge, pues, la vida para que vivas, tú y tu
descendencia, amando al SEÑOR tu Dios, escuchando su voz y
allegándote a El; porque eso es tu vida y la largura de tus días,
para que habites en la tierra que el SEÑOR juró dar a tus padres
Abraham, Isaac y Jacob.
DEUTERONOMIO 30:19–20 LBLA

Mi porción es Jehová; He dicho que guardaré tus palabras. Tu presencia supliqué de todo corazón; Ten misericordia de mí según tu palabra. Consideré mis caminos, Y volví mis pies a tus testimonios.

SALMOS 119:57–59 RVR1960

> *Amar a Dios es la más grande de las virtudes; ser amado por Dios es la más grande de las bendiciones.*
>
> PROVERBIO PORTUGUÉS

Si un hombre actúa para satisfacer su naturaleza, está perdido. Pero si hace lo que agrada al Espíritu Santo salvará su vida para siempre. No debemos cansarnos de hacer el bien. Si no nos desanimamos, recibiremos, a su tiempo, lo que merecemos. Por esto, debemos hacer el bien a todos, y de manera especial, a aquellos que pertenecen a Cristo.

GÁLATAS 6:8–10 NUEVA VIDA

Por causa de José, el SEÑOR bendijo la casa del egipcio Potifar a partir del momento en que puso a José a cargo de su casa y de todos sus bienes. La bendición del SEÑOR se extendió sobre todo lo que tenía el egipcio, tanto en la casa como en el campo.

GÉNESIS 39:5 NVI

> *Debemos darle la espalda al mal y en toda ocasión posible hacer el bien, ayudar a los demás y traer bendiciones a sus vidas.*
>
> NORMAN VINCENT PEALE

Todo el día es compasivo y presta, y su descendencia es para bendición.

SALMOS 37:26 LBLA

Traed todos los diezmos al alfolí y haya alimento en mi casa; y probadme ahora en esto, dice Jehová de los ejércitos, si no os abriré las ventanas de los cielos, y derramaré sobre vosotros bendición hasta que sobreabunde.

MALAQUÍAS 3:10 RVR1960

Si alguien les hace algo malo, no hagan ustedes lo mismo, y si alguien los insulta, no contesten con otro insulto. Al contrario, lo que deben hacer es pedirle a Dios que bendiga a esas personas, pues él los eligió a ustedes para que reciban bendición. Porque, como dice la Biblia: "Los que de todo corazón deseen vivir y ser felices, deben cuidarse de no mentir y de no hablar mal de otros."

1 PEDRO 3:9–10 TLA

Canten al SEÑOR, alaben su nombre; anuncien día tras día su victoria.

SALMOS 96:2 NVI

Dios no solo nos bendice a nosotros sino que nosotros bendecimos a otros al compartir con ellos las bendiciones que Él nos da.

Sus hijos se levantan y la llaman bienaventurada, también su marido, y la alaba diciendo: Muchas mujeres han obrado con nobleza, pero tú las superas a todas.

PROVERBIOS 31:28–29 LBLA

"Yo digo a quien me oye: ama a aquellos que trabajan en tu contra. Haz bien a aquellos que te odian. Respeta y da gracias por aquellos que tratan de hacerte mal. Ora por aquellos que te molestan. A quien alguna vez tome tu abrigo, dale también tu camisa."

LUCAS 6:27–29 NUEVA VIDA

8

Iglesia

La iglesia es tanto una entidad espiritual como física.
Debido a que Él habita en ella y lleva adelante su
plan a través de ella, el pueblo de Dios es su iglesia.
Pero este pueblo también se reúne en comunión
y a menudo tiene edificios físicos. Dondequiera
que quienes lo aman se reúnen, Dios está allí.

Y todo sometió bajo sus pies, y a El lo dio por cabeza sobre
todas las cosas a la iglesia, la cual es su cuerpo, la plenitud de
aquel que lo llena todo en todo.
EFESIOS 1:22–23 LBLA

Los cristianos no van al templo a adorar. Los cristianos
llevan el templo con ellos. Jesús nos elevó por sobre el edificio
y dio al cuerpo humano el más alto privilegio al hacerlo su
lugar de habitación, allí donde Él se reúne con nosotros.
RAVI ZACHARIAS

Maridos, amad a vuestras mujeres, así como Cristo amó a
la iglesia, y se entregó a sí mismo por ella, para santificarla,
habiéndola purificado en el lavamiento del agua por la palabra,
a fin de presentársela a sí mismo, una iglesia gloriosa, que no
tuviese mancha ni arruga ni cosa semejante, sino que fuese santa
y sin mancha.
EFESIOS 5:25–27 RVR1960

La singularidad de la iglesia es su mensaje: el Evangelio. La
iglesia es la única institución encargada de dar el mensaje de
arrepentimiento de los pecados y creer en Jesucristo para perdón.
MARK DEVER Y PAUL ALEXANDER

Él mismo constituyó a unos, apóstoles; a otros, profetas; a otros,
evangelistas; y a otros, pastores y maestros, a fin de capacitar al
pueblo de Dios para la obra de servicio, para edificar el cuerpo de
Cristo.
EFESIOS 4:11–12 NVI

"Y yo te digo que tú eres Pedro, y sobre esta roca levantaré mi
iglesia. Y las potencias del infierno no podrán vencer a mi iglesia."
MATEO 16:18 NUEVA VIDA

Sino que hablando la verdad en amor, crezcamos en todos los aspectos en aquel que es la cabeza, es decir, Cristo, de quien todo el cuerpo (estando bien ajustado y unido por la cohesión que las coyunturas proveen), conforme al funcionamiento adecuado de cada miembro, produce el crecimiento del cuerpo para su propia edificación en amor.
EFESIOS 4:15–16 LBLA

> *Los hijos de Dios deberían aprender a librar a la iglesia*
> *de problemas y no agregar problemas a la iglesia.*
> WATCHMAN NEE

Y si aquel no les hace caso, infórmalo a la iglesia. Y si tampoco quiere hacerle caso a la iglesia, tendrás que tratarlo como a los que no creen en Dios, o como a uno de los que cobran impuestos para el gobierno de Roma.
MATEO 18:17 TLA

A los que siguen pecando, muéstrales su error delante de toda la iglesia. Así, otros tendrán miedo de pecar.
1 TIMOTEO 5:20 NUEVA VIDA

Queridos hermanos, les ruego que se fijen en los que causan pleitos en la iglesia. Ellos están en contra de todo lo que a ustedes se les ha enseñado. Apártense de esa gente.
ROMANOS 16:17 TLA

> *Una iglesia debería ser una casa de poder donde los*
> *espíritus debilitados puedan recargarse y reanimarse.*
> SAMUEL A. ELIOT

Así Dios ha dispuesto los miembros de nuestro cuerpo, dando mayor honra a los que menos tenían, a fin de que no haya división en el cuerpo, sino que sus miembros se preocupen por igual unos por otros. Si uno de los miembros sufre, los demás comparten su sufrimiento; y si uno de ellos recibe honor, los demás se alegran con él. Ahora bien, ustedes son el cuerpo de Cristo, y cada uno es miembro de ese cuerpo.
1 CORINTIOS 12:24–27 NVI

9
Consolación

A menudo, al Espíritu Santo se le llama el
Consolador porque Él va con nosotros y nos ayuda
a vivir diariamente nuestra fe. Pero a través de la
Escritura, Dios también promete consuelo a los
que pasan por aflicciones y tribulaciones. ¡No
estamos solos en los momentos duros de la vida!

Gritad de júbilo, cielos, y regocíjate, tierra. Prorrumpid, montes, en gritos de alegría, porque el Señor ha consolado a su pueblo, y de sus afligidos tendrá compasión.
ISAÍAS 49:13 LBLA

> *Consuelo no es la ausencia de problemas; consuelo*
> *es la fuerza para enfrentar mis problemas.*
> KEN HUTCHERSON

Aun si voy por valles tenebrosos, no temo peligro alguno porque tú estás a mi lado; tu vara de pastor me reconforta.
SALMOS 23:4 NVI

Tú, que me has hecho ver muchas angustias y males, volverás a darme vida, y de nuevo me levantarás de los abismos de la tierra. Aumentarás mi grandeza, y volverás a consolarme.
SALMOS 71:20–21 RVR1960

Haz que mi vida refleje lo bueno que eres tú. Quedarán en ridículo mis enemigos cuando vean que tú me das ayuda y consuelo.
SALMOS 86:17 TLA

Acuérdate de la palabra dada a tu siervo, en la cual me has hecho esperar. Este es mi consuelo en la aflicción: que tu palabra me ha vivificado. Los soberbios me insultaron en gran manera, sin embargo, no me he apartado de tu ley.
SALMOS 119:49–51 LBLA

Felices son los tristes, porque Dios les dará consuelo.
MATEO 5:4 NUEVA VIDA

Si buscas la verdad, es posible que el consuelo lo encuentres al final;
si buscas el consuelo, no vas a conseguir ni el consuelo ni la verdad.
C. S. LEWIS

Me acuerdo, SEÑOR, de tus juicios de antaño, y encuentro
consuelo en ellos.
SALMOS 119:52 NVI

Hay una diferencia entre recibir consuelo y sentirse
cómodo. El consuelo de Dios viene a aquellos que sufren
por su fe, no a los que se duermen en sus laureles.

Mas ¡ay de vosotros, ricos! porque ya tenéis vuestro consuelo.
LUCAS 6:24 RVR1960

¡Demos gracias a Dios, Padre de nuestro Señor Jesucristo! Él
es un Padre bueno y amoroso, y siempre nos ayuda. Cuando
tenemos dificultades, o cuando sufrimos, Dios nos ayuda para
que podamos ayudar a los que sufren o tienen problemas.
Nosotros sufrimos mucho, lo mismo que Cristo. Pero también, por
medio de él, Dios nos consuela.
2 CORINTIOS 1:3–5 TLA

¿Son fuertes porque son de Cristo? ¿Sienten el consuelo de su
amor? ¿Tienen ustedes el gozo de compartir unidos el Espíritu
Santo? ¿Tienen amor y compasión unos con los otros?
FILIPENSES 2:1 NUEVA VIDA

Sea ahora tu misericordia para consuelo mío, conforme a tu
promesa dada a tu siervo.
SALMOS 119:76 LBLA

Más bien debieran perdonarlo y consolarlo para que no sea consumido por la excesiva tristeza.
2 CORINTIOS 2:7 NVI

> *El mundo difícilmente conoce el significado de consuelo. Pero el Espíritu de Dios ofrece el mejor que se puede tener. Cuando venimos a Él en dolor y en fe, Él toca nuestros corazones en una forma tan tierna que ningún ser humano puede hacer. No solo nos ofrece su hombro para que lloremos en él sino que usa a los suyos para alentar a los corazones cristianos que sufren.*

Y el mismo Jesucristo Señor nuestro, y Dios nuestro Padre, el cual nos amó y nos dio consolación eterna y buena esperanza por gracia.
2 TESALONICENSES 2:16 RVR1960

10

Compasión

En un mundo tan convulsionado, la necesidad de compasión es grande. Los que la requieren la buscan pero con frecuencia lo que reciben es dureza. La compasión es una de las marcas que distinguen a los cristianos. Cuando la ofrecemos a otros, estamos reflejando el amor de Dios y atrayendo a los pecadores a Él.

Entonces pasó el Señor por delante de [Moisés] y proclamó: El Señor, el Señor, Dios compasivo y clemente, lento para la ira y abundante en misericordia y verdad; el que guarda misericordia a millares, el que perdona la iniquidad, la transgresión y el pecado, y que no tendrá por inocente al culpable ; el que castiga la iniquidad de los padres sobre los hijos y sobre los hijos de los hijos hasta la tercera y cuarta generación.
Éxodo 34:6–7 LBLA

Pero si desde allí buscas al Señor tu Dios con todo tu corazón y con toda tu alma, lo encontrarás. Y al cabo del tiempo, cuando hayas vivido en medio de todas esas angustias y dolores, volverás al Señor tu Dios y escucharás su voz. Porque el Señor tu Dios es un Dios compasivo, que no te abandonará ni te destruirá, ni se olvidará del pacto que mediante juramento hizo con tus antepasados.
Deuteronomio 4:29–31 NVI

> *El hombre puede proscribir la compasión de su corazón, pero Dios nunca lo hará.*
> William Cowper

Misericordioso y clemente es Jehová; lento para la ira, y grande en misericordia. No contenderá para siempre, ni para siempre guardará el enojo.
Salmos 103:8–9 RVR1960

Con quienes lo honran, Dios es tan tierno como un padre con sus hijos.
Salmos 103:13 TLA

Jesús, tú eres todo compasión,
Puro amor ilimitado eres tú;
Visítanos con tu salvación;
Entra a cada tembloroso corazón.
CHARLES WESLEY

Porque él librará al necesitado cuando clame, también al afligido y al que no tiene quien le auxilie. Tendrá compasión del pobre y del necesitado, y la vida de los necesitados salvará. Rescatará su vida de la opresión y de la violencia, y su sangre será preciosa ante sus ojos.
SALMOS 72:12–14 LBLA

Ustedes los cielos, ¡griten de alegría! Tierra, ¡regocíjate! Montañas, ¡prorrumpan en canciones! Porque el SEÑOR consuela a su pueblo y tiene compasión de sus pobres.
ISAÍAS 49:13 NVI

Bendice, alma mía, a Jehová, y bendiga todo mi ser su santo nombre. Bendice, alma mía, a Jehová, y no olvides ninguno de sus beneficios. El es quien perdona todas tus iniquidades, El que sana todas tus dolencias; El que rescata del hoyo tu vida, El que te corona de favores y misericordias.
SALMOS 103:1–4 RVR1960

Dios mío, por tu amor y tu bondad acuérdate de mí. Recuerda que siempre me has mostrado tu ternura y gran amor; pero olvídate de los pecados que cometí cuando era joven.
SALMOS 25:6–7 TLA

Tú, oh SEÑOR, no retengas tu compasión de mí; tu misericordia y tu verdad me guarden continuamente.
SALMOS 40:11 LBLA

Ten compasión de mí, oh Dios, conforme a tu gran
amor; conforme a tu inmensa bondad, borra mis transgresiones.
SALMOS 51:1 NVI

No me anegue la corriente de las aguas, ni me trague el abismo,
ni el pozo cierre sobre mí su boca. Respóndeme, Jehová, porque
benigna es tu misericordia; mírame conforme a la multitud de tus
piedades.
SALMOS 69:15–16 RVR1960

Nunca le decían la verdad; nunca le fueron sinceros ni cumplieron
fielmente su pacto. Pero Dios, que es compasivo, les perdonó su
maldad y no los destruyó. Más de una vez refrenó su enojo, pues
tomó en cuenta que eran simples seres humanos; sabía que son
como el viento que se va y no vuelve.
SALMOS 78:36–39 TLA

El que encubre sus pecados no prosperará, mas el que los
confiesa y los abandona hallará misericordia.
PROVERBIOS 28:13 LBLA

> *La ortodoxia bíblica desprovista de compasión es,*
> *sin duda, la cosa más fea del mundo.*
> FRANCIS SCHAEFFER

Para los justos la luz brilla en las tinieblas.
SALMOS 112:4 NVI

Por tanto, Jehová esperará para tener piedad de vosotros, y por
tanto, será exaltado teniendo de vosotros misericordia; porque
Jehová es Dios justo; bienaventurados todos los que confían en él.
ISAÍAS 30:18 RVR1960

Porque no rechaza para siempre el Señor, antes bien, si aflige, también se compadecerá según su gran misericordia. Porque El no castiga por gusto, ni aflige a los hijos de los hombres.
LAMENTACIONES 3:31–33 LBLA

Si queremos alcanzar corazones para Cristo la gentil y tierna virtud de compasión hará más que mil palabras de argumentación.

"Deben ser buenos y amables como su Padre es bueno y tiene amor."
LUCAS 6:36 NUEVA VIDA

El cristianismo exige un nivel de amabilidad que trasciende las inclinaciones humanas.
ERWIN W. LUTZER

Estoy seguro de que Cristo les ha dado a ustedes poder para animar a los demás. El amor que ustedes tienen los lleva a consolar a otros, y sé que todos tienen el mismo Espíritu y son compasivos. Por eso les pido a todos ustedes que me hagan totalmente feliz, viviendo en armonía y amándose unos a otros. Pónganse de acuerdo en lo que piensan, deseen las mismas cosas.
FILIPENSES 2:1–2 TLA

La medida de la grandeza de una nación se mide por su capacidad de ser compasiva en tiempos de crisis.
THURGOOD MARSHALL

Pues si una persona tiene bastante dinero para vivir y ve a su hermano necesitado de comida y ropa, y no le ayuda, ¿cómo puede el amor de Dios estar en él?
1 JUAN 3:17 NUEVA VIDA

II

Conservación

Aunque Dios no nos explica cómo resuelve todos
nuestros problemas de conservación, nos habla de
su creación de la tierra y el papel de administradores
que espera que los seres humanos cumplan.

En el principio creó Dios los cielos y la tierra.
GÉNESIS 1:1 LBLA

[Dios] dijo: «Hagamos al ser humano a nuestra imagen y semejanza. Que tenga dominio sobre los peces del mar, y sobre las aves del cielo; sobre los animales domésticos, sobre los animales salvajes, y sobre todos los reptiles que se arrastran por el suelo.»
GÉNESIS 1:26 NVI

Dios nos ha dado la tierra para ejercer dominio sobre ella. A nosotros nos toca recordar que éste es el único lugar que tenemos para vivir por lo que debemos tratarlo como corresponde.

Y los bendijo Dios, y les dijo: Fructificad y multiplicaos; llenad la tierra, y sojuzgadla, y señoread en los peces del mar, en las aves de los cielos, y en todas las bestias que se mueven sobre la tierra.
GÉNESIS 1:28 RVR1960

Conservación es un estado de armonía entre los hombres y la tierra.
ALDO LEOPOLD

Y produjo la tierra vegetación: hierbas que dan semilla según su género, y árboles que dan fruto con su semilla en él, según su género. Y vio Dios que era bueno.
GÉNESIS 1:12 LBLA

Los buenos saben que hasta los animales sufren, pero los malvados de nadie tienen compasión.
PROVERBIOS 12:10 TLA

Las sagradas escrituras dicen: "El mundo y todo lo que hay en él pertenece al Señor."

1 CORINTIOS 10:26 NUEVA VIDA

Cada partícula de materia es una inmensidad; cada hoja un mundo; cada insecto un compendio inexplicable.

JOHANN KASPAR LAVATER

Porque la tierra a la cual entras para poseerla, no es como la tierra de Egipto de donde vinisteis, donde sembrabas tu semilla, y la regabas con el pie como una huerta de hortalizas, sino que la tierra a la cual entráis para poseerla, tierra de montes y valles, bebe el agua de las lluvias del cielo. Es una tierra que el SEÑOR tu Dios cuida; los ojos del SEÑOR tu Dios están siempre sobre ella, desde el principio hasta el fin del año.

DEUTERONOMIO 11:10–12 LBLA

12

crítica

A ninguno de nosotros nos gusta que nos señalen nuestras imperfecciones. Pero si vamos a ser sinceros, tenemos que admitir que nos hemos extraviado de la marca de perfección de Dios. Por eso es que necesitamos atender cuidadosamente las críticas positivas, sopesar el valor de ellas y saber distinguir las cosas buenas que tienen que decirnos. No todas las críticas son acertadas pero si somos sabios, aprenderemos de aquellas que sí lo son.

Hagan todo sin hablar mal de nadie ni discutir por todo, para que no pequen ni nadie pueda culparlos de nada. En este mundo lleno de gente malvada y pecadora, ustedes, como hijos de Dios, deben alejarse de la maldad y brillar por su buen comportamiento.
FILIPENSES 2:14–15 TLA

Queridos hermanos, no hablen en contra de otros, ni insulten a sus hermanos. Si una persona habla mal de su hermano, está hablando en contra de sí misma y hablará contra la ley de Dios. Y si dicen que la ley no sirve y no la obedecen, dan a entender que son mejores que la ley.
SANTIAGO 4:11 NUEVA VIDA

El principio de la sabiduría es el temor del SEÑOR, y el conocimiento del Santo es inteligencia.
PROVERBIOS 9:10 LBLA

Aun el más grande de los profetas, Moisés, tuvo que soportar la crítica de sus hermanos, y Dios lo respaldó. Él puede hacer lo mismo con nosotros cuando le servimos.

El SEÑOR les dijo: «Escuchen lo que voy a decirles: »Cuando un profeta del SEÑOR se levanta entre ustedes, yo le hablo en visiones y me revelo a él en sueños. Pero esto no ocurre así con mi siervo Moisés, porque en toda mi casa él es mi hombre de confianza. Con él hablo cara a cara, claramente y sin enigmas. Él contempla la imagen del SEÑOR. ¿Cómo se atreven a murmurar contra mi siervo Moisés?»
NÚMEROS 12:6–8 NVI

Seguramente usted ha oído la frase «los consoladores de Job». ¿Quién ha recibido más críticas que Job? Pero este hombre fiel soportó las críticas pidiendo a sus amigos que fueran compasivos con él.

También yo podría hablar como vosotros, si vuestra alma estuviera en lugar de la mía; yo podría hilvanar contra vosotros palabras, y sobre vosotros mover mi cabeza. Pero yo os alentaría con mis palabras, y la consolación de mis labios apaciguaría vuestro dolor.

Job 16:4–5 RVR1960

¿Por qué tratas de decir que tu hermano cristiano es bueno o malo? Todos estaremos delante del lugar en que se siente Cristo, cuando él diga si somos, o no somos, culpables.

Romanos 14:10 NUEVA VIDA

La gente está eternamente dividida en dos clases: los creyentes, edificadores y adoradores y los incrédulos, destructores y críticos.

John Ruskin

A mí, nuestro Señor Jesús me ha enseñado que ningún alimento es malo en sí mismo. Pero si alguien piensa que alguna comida no se debe comer, entonces no debe comerla.

Romanos 14:14 TLA

. . .con palabra sana e irreprochable, a fin de que el adversario se avergüence al no tener nada malo que decir de nosotros.

Tito 2:8 LBLA

El que atiende a la crítica edificante habitará entre los sabios.

Proverbios 15:31 NVI

Manzana de oro con figuras de plata es la palabra dicha como conviene. Como zarcillo de oro y joyel de oro fino es el que reprende al sabio que tiene oído dócil.

Proverbios 25:11–12 RVR1960

El tiempo te demostrará que vale más una crítica sincera que un elogio.
PROVERBIOS 28:23 TLA

El hombre que reprendido endurece la cerviz, de repente será quebrantado, y no habrá para él medicina.
PROVERBIOS 29:1 RVR1960

> *La crítica sincera es difícil de aceptar, particularmente cuando viene de un pariente, de un amigo, de un conocido o de un extranjero.*
>
> FRANKLIN P. JONES

Vale más reprensión de sabios que lisonja de necios.
ECLESIASTÉS 7:5 NVI

13

Enamoramiento

Por supuesto, en la era bíblica prácticamente
no existía eso de enamorarse. Por lo general, los
matrimonios eran arreglados, y a menudo las parejas
tenían muy poca relación previa. Pero las normas de
Dios sobre la pureza sexual son inequívocas tanto
en el Antiguo como en el Nuevo Testamentos.

Sea el matrimonio honroso en todos, y el lecho matrimonial sin mancilla, porque a los inmorales y a los adúlteros los juzgará Dios.
HEBREOS 13:4 LBLA

Si alguien seduce a una mujer virgen que no esté comprometida para casarse, y se acuesta con ella, deberá pagarle su precio al padre y tomarla por esposa.
ÉXODO 22:16 NVI

Felices son los que tienen corazón limpio, porque ellos verán a Dios.
MATEO 5:8 NUEVA VIDA

Sólo obedeciendo tu palabra pueden los jóvenes corregir su vida.
SALMOS 119:9 TLA

No os unáis en yugo desigual con los incrédulos; porque ¿qué compañerismo tiene la justicia con la injusticia? ¿Y qué comunión la luz con las tinieblas?
2 CORINTIOS 6:14 RVR1960

Al aferrarte a las cualidades de sabiduría, optimismo, discernimiento, espiritualidad, júbilo, gratitud y empatía, te estarás asegurando de evitar algunos de los vértigos del enamoramiento. Y tendrás muchas más posibilidades de encontrar el amor verdadero.
LES PARROTT III

[La sabiduría] te librará de la mujer extraña, de la desconocida que lisonjea con sus palabras, la cual deja al compañero de su juventud, y olvida el pacto de su Dios.
PROVERBIOS 2:16–17 LBLA

El castigo de la ley por infringir la moral sexual nos
parece actualmente muy duro pero nos muestra cuán
seriamente toma Dios las infidelidades premaritales.

Si un hombre se casa, y después de haberse acostado con
su esposa le toma aversión, y falsamente la difama y la acusa,
alegando: "Me casé con esta mujer, pero al tener relaciones con
ella descubrí que no era virgen". . . . Pero si la acusación es
verdadera y no se demuestra la virginidad de la joven, la llevarán
a la puerta de la casa de su padre, y allí los hombres de la ciudad
la apedrearán hasta matarla. Esto le pasará por haber cometido
una maldad en Israel y por deshonrar con su mala conducta la
casa de su padre. Así extirparás el mal que haya en medio de ti.
DEUTERONOMIO 22:13–14, 20–12 NVI

No reprendas al anciano, sino exhórtale como a padre; a los más
jóvenes, como a hermanos; a las ancianas, como a madres; a las
jovencitas, como a hermanas, con toda pureza.
1 TIMOTEO 5:1–2 RVR1960

Si el matrimonio fuera una carrera, el noviazgo sería el internado.
GARY CHAPMAN

Finalmente, hermanos, piensen en todo lo que es verdadero, en
todo lo que merece respeto, en todo lo que es justo y bueno;
piensen en todo lo que se reconoce como una virtud, y en todo
lo que es agradable y merece ser alabado.
FILIPENSES 4:8 TLA

Dios no tendría que restregar tanto si no tuviera que quitar
tanta suciedad que se ha arraigado en nuestra naturaleza.
Dios ama de tal manera la pureza que ve un agujero en
lugar de una mancha en el vestido de sus hijos.
WILLIAM GURNALL

Apártate de las cosas pecaminosas que los jóvenes quieren hacer. Sigue lo que es correcto. Ten deseos de fe, amor y paz, con los que oran al Señor con un corazón limpio.

2 TIMOTEO 2:22 NUEVA VIDA

Pero yo os digo que todo el que mire a una mujer para codiciarla ya cometió adulterio con ella en su corazón.

MATEO 5:28 LBLA

El hombre devoto hace primero una preparación interna para lo que más tarde va a llevar a cabo. Sus acciones externas no lo arrastran a la lujuria o al vicio; en lugar de eso, es él quien los doblega ante la razón y el juicio correcto.

THOMAS À KEMPIS

Las obras de la naturaleza pecaminosa se conocen bien: inmoralidad sexual, impureza y libertinaje.

GÁLATAS 5:19 NVI

Guarda, hijo mío, el mandamiento de tu padre, y no dejes la enseñanza de tu madre. . . . Te guiarán cuando andes; cuando duermas te guardarán; hablarán contigo cuando despiertes. Porque el mandamiento es lámpara, y la enseñanza es luz, y camino de vida las represiones que te instruyen, para que te guarden de la mala mujer, de la blandura de la lengua de la mujer extraña. No codicies su hermosura en tu corazón, ni ella te prenda con sus ojos; porque a causa de la mujer ramera el hombre es reducido a un bocado de pan; y la mujer caza la preciosa alma del varón. ¿Tomará el hombre fuego en su seno sin que sus vestidos ardan?

PROVERBIOS 6:20, 22–27 RVR1960

I4

Muerte

En la Biblia, la muerte se refiere tanto a un deceso
físico como espiritual porque el pecado no
perdonado mata las almas tanto como destruye
los cuerpos. Dios libera a quienes creen en Él de
la destrucción física como de la espiritual.

Mira, yo he puesto hoy delante de ti la vida y el bien, la muerte y el mal; pues te ordeno hoy amar al Señor tu Dios, andar en sus caminos y guardar sus mandamientos, sus estatutos y sus juicios, para que vivas y te multipliques, a fin de que el Señor tu Dios te bendiga en la tierra que vas a entrar para poseerla.
Deuteronomio 30:15–16 lbla

Nuestro Dios es un Dios que salva; el Señor Soberano nos libra de la muerte.
Salmos 68:20 nvi

> *La muerte para un hombre bueno es su liberación de la prisión de este mundo y su partida a disfrutar de otro mundo.*
> Matthew Henry

Jehová mata, y él da vida; El hace descender al Seol, y hace subir.
1 Samuel 2:6 rvr1960

Invoco al Señor, que es digno de ser alabado, y soy salvo de mis enemigos. Las ondas de la muerte me cercaron, los torrentes de iniquidad me atemorizaron; los lazos del Seol me rodearon, las redes de la muerte surgieron ante mí. En mi angustia invoqué al Señor, sí, clamé a mi Dios; desde su templo oyó mi voz, y mi clamor llegó a sus oídos.
2 Samuel 22:4–7 lbla

Puedo cruzar lugares peligrosos y no tener miedo de nada, porque tú eres mi pastor y siempre estás a mi lado; me guías por el buen camino y me llenas de confianza.
Salmos 23:4 tla

> *Aquellos cuyo amor va más allá de este mundo no podrán ser separados de él. La muerte no puede matar lo que nunca muere.*
> William Penn

Cuando lo que puede ser destruido haya sido cambiado en lo que no puede ser destruido, y cuando lo que muere haya sido cambiado en lo que no puede morir, entonces será llevado a cabo lo que dicen las sagradas escrituras: "La muerte ya no tiene poder sobre la vida".

ISAÍAS 25:8

Oh muerte, ¿dónde está tu poder? Oh muerte, ¿dónde están tus dolores? El dolor de la muerte es el pecado, y el pecado tiene poder sobre los que están bajo la ley.

1 CORINTIOS 15:54–56 NUEVA VIDA

El destruirá la muerte para siempre; el Señor DIOS enjugará las lágrimas de todos los rostros, y quitará el oprobio de su pueblo de sobre toda la tierra, porque el SEÑOR ha hablado.

ISAÍAS 25:8 LBLA

> *Doy gracias a mi Dios por darme, tan generosamente,*
> *la oportunidad… de aprender que la muerte es la llave*
> *que abre la puerta a nuestra verdadera felicidad.*
> WOLFGANG AMADEUS MOZART

Mucho valor tiene a los ojos del SEÑOR la muerte de sus fieles.

SALMOS 116:15 NVI

No aprovecharán las riquezas en el día de la ira; mas la justicia librará de muerte.

PROVERBIOS 11:4 RVR1960

> *Le temen a la muerte los que no le temen al pecado.*
> THOMAS J. WATSON, SR.

El malvado fracasa por su maldad; pero el hombre bueno confía en Dios hasta la muerte.

PROVERBIOS 14:32 TLA

Esto es lo que pasó: el pecado entró al mundo por un hombre, Adán, llevando consigo la muerte. La muerte llegó a todos los hombres, porque todos pecaron. El pecado estaba en el mundo antes de la ley judía; pero no se culpa a un hombre de pecado cuando no hay ley. Y, sin embargo, la muerte tuvo poder sobre los hombres desde los tiempos de Adán hasta los de Moisés. El poder de la muerte estaba aun sobre los que no habían pecado en la misma forma que Adán. Adán representaba el que había de venir.
ROMANOS 5:12–14 NUEVA VIDA

Y la ley se introdujo para que abundara la transgresión, pero donde el pecado abundó, sobreabundó la gracia, para que así como el pecado reinó en la muerte, así también la gracia reine por medio de la justicia para vida eterna, mediante Jesucristo nuestro Señor.
ROMANOS 5:20–21 LBLA

> *La eternidad no es algo que comienza después que usted haya muerto. La eternidad ha estado aquí todo el tiempo. Nosotros vivimos en ella ¡ahora!*
> CHARLOTTE PERKINS GILMAN

¿Acaso no saben ustedes que todos los que fuimos bautizados para unirnos con Cristo Jesús, en realidad fuimos bautizados para participar en su muerte? Por tanto, mediante el bautismo fuimos sepultados con él en su muerte, a fin de que, así como Cristo resucitó por el poder del Padre, también nosotros llevemos una vida nueva.
ROMANOS 6:3–4 NVI

Sabiendo que Cristo, habiendo resucitado de los muertos, ya no muere; la muerte no se enseñorea más de él. Porque en cuanto murió, al pecado murió una vez por todas; mas en cuanto vive, para Dios vive. Así también vosotros consideraos muertos al pecado, pero vivos para Dios en Cristo Jesús, Señor nuestro.
ROMANOS 6:9–11 RVR1960

Quien sólo vive para pecar, recibirá como castigo la muerte.
Pero Dios nos regala la vida eterna por medio de Cristo Jesús,
nuestro Señor.
ROMANOS 6:23 TLA

No hay mejor armadura contra los dardos de la
muerte que estar ocupado en el servicio a Dios.
THOMAS FULLER

Si su antiguo yo pecador domina sus mentes, eso lleva a la
muerte. Pero si el Espíritu Santo domina sus mentes, eso lleva
a la vida y la paz. La mente que sólo piensa en formas de
satisfacción para el antiguo yo pecador está luchando contra
Dios. No obedece las leyes de Dios; nunca puede. Los que hacen
lo que desea su antiguo yo pecador no pueden agradar a Dios.
ROMANOS 8:6–8 NUEVA VIDA

Y no temáis a los que matan el cuerpo, pero no pueden matar el
alma; más bien temed a aquel que puede hacer perecer tanto el
alma como el cuerpo en el infierno.
MATEO 10:28 LBLA

Hasta que nuestro Maestro nos convoque ni un cabello de
nuestra cabeza perecerá, ni un momento de nuestra vida
nos será arrebatado. Cuando Él envíe por nosotros será
con el mensaje que a su hijo se le necesita en casa.
ANTHONY THOROLD

Pues estoy convencido de que ni la muerte ni la vida, ni los
ángeles ni los demonios, ni lo presente ni lo por venir, ni los
poderes, ni lo alto ni lo profundo, ni cosa alguna en toda
la creación, podrá apartarnos del amor que Dios nos ha
manifestado en Cristo Jesús nuestro Señor.
ROMANOS 8:38–39 NVI

Mas ahora Cristo ha resucitado de los muertos; primicias de los que durmieron es hecho. Porque por cuanto la muerte entró por un hombre, también por un hombre la resurrección de los muertos. Porque así como en Adán todos mueren, también en Cristo todos serán vivificados.

1 Corintios 15:20–22 RVR1960

Cuando Dios los ponga tristes, no lo lamenten, pues esa tristeza hará que ustedes cambien, y que pidan perdón y se salven. Pero la tristeza provocada por las dificultades de este mundo, los puede matar.

2 Corintios 7:10 TLA

No se sorprendan si el mundo los odia, hermanos cristianos. Pues sabemos que hemos pasado de muerte a vida. Y lo sabemos porque amamos a nuestros hermanos cristianos. La persona que no ama no ha pasado de la muerte a la vida. Un hombre que odia a su hermano es un asesino en su corazón. Y ustedes saben que la vida que es para siempre no está en uno que mata.

1 Juan 3:13–15 NUEVA VIDA

> *No hay mejor argumento contra todas las fantasías*
> *sobre la infidelidad que el que nadie se ha arrepentido*
> *de ser cristiano cuando está en el lecho de muerte.*
> Hannah Moore

Pues para mí, el vivir es Cristo y el morir es ganancia.

Filipenses 1:21 LBLA

15
Hacer decisiones

Cuando tengamos que hacer decisiones, necesitamos
preguntarnos: «¿A quién le pediré consejo?» Si nuestro
primero y principal consejero no es Dios podemos vernos
en problemas. Pero Él también pone a personas sabias en
nuestro camino. ¿Estamos haciendo caso a sus sugerencias?

Bendeciré al Señor, que me aconseja; aun de noche me reprende mi conciencia. Siempre tengo presente al Señor; con él a mi derecha, nada me hará caer.
SALMOS 16:7–8 NVI

> *En lo más oscuro de la noche, aférrese a la seguridad de que*
> *Dios le ama, que Él siempre tiene una palabra de ayuda*
> *para usted, una senda por la cual ir y una solución a su*
> *problema. Y verá hecho realidad aquello en lo que usted cree.*
> *Dios nunca decepciona a quien pone su confianza en Él.*
> BASILEA SCHLINK

Me has guiado según tu consejo, y después me recibirás en gloria.
SALMOS 73:24 RVR1960

"Yo soy la sabiduría, y mi compañera es la experiencia; siempre pienso antes de actuar. Los que obedecen a Dios aborrecen la maldad. Yo aborrezco a la gente que es orgullosa y presumida, que nunca dice la verdad ni vive como es debido. Yo tengo en mi poder el consejo y el buen juicio, el valor y el entendimiento. Yo hago que actúen con justicia reyes, príncipes y gobernantes."
PROVERBIOS 8:12–16 TLA

Mira, yo he puesto hoy delante de ti la vida y el bien, la muerte y el mal; pues te ordeno hoy amar al Señor tu Dios, andar en sus caminos y guardar sus mandamientos, sus estatutos y sus juicios, para que vivas y te multipliques, a fin de que el Señor tu Dios te bendiga en la tierra que vas a entrar para poseerla. Pero si tu corazón se desvía y no escuchas, sino que te dejas arrastrar y te postras ante otros dioses y los sirves, yo os declaro hoy que ciertamente pereceréis. No prolongaréis vuestros días en la tierra adonde tú vas, cruzando el Jordán para entrar en ella y poseerla.
DEUTERONOMIO 30:15–18 LBLA

Pero si a ustedes les parece mal servir al Señor, elijan ustedes mismos a quiénes van a servir: a los dioses que sirvieron sus antepasados al otro lado del río Éufrates, o a los dioses de los amorreos, en cuya tierra ustedes ahora habitan. Por mi parte, mi familia y yo serviremos al Señor.
Josué 24:15 nvi

Porque he aquí, los que se alejan de ti perecerán; tú destruirás a todo aquel que de ti se aparta. Pero en cuanto a mí, el acercarme a Dios es el bien; he puesto en Jehová el Señor mi esperanza, para contar todas tus obras.
Salmos 73:27–28 rvr1960

Si conocer las respuestas a las preguntas de la vida es absolutamente necesario para usted entonces olvídese del viaje. Nunca lo hará porque este es un viaje de alternativas insospechadas.
Jeanne Guyon

¡Pues yo también me burlaré cuando estén llenos de miedo, y se queden en la ruina! Será como si los arrastrara el viento o les cayera una tormenta. Me llamarán, y no les responderé; me buscarán, y no me encontrarán. Ustedes no quieren aprender ni obedecer a Dios; no siguen mis consejos, ni aceptan mis enseñanzas.
Proverbios 1:26–30 tla

No envidies al hombre violento, y no escojas ninguno de sus caminos; porque el hombre perverso es abominación para el Señor; pero El es amigo íntimo de los rectos. La maldición del Señor está sobre la casa del impío, pero El bendice la morada del justo.
Proverbios 3:31–33 lbla

Dichoso el hombre que no sigue el consejo de los malvados, ni se detiene en la senda de los pecadores ni cultiva la amistad de los blasfemos.
SALMOS 1:1 NVI

De más estima es el buen nombre que las muchas riquezas, y la buena fama más que la plata y el oro.
PROVERBIOS 22:1 RVR1960

La gente buena hace planes justos; la malvada sólo piensa en engañar.
PROVERBIOS 12:5 TLA

> *Jesús les dijo a sus discípulos que no se preocuparan por el mañana pero nunca les dijo que no pensaran en el mañana. La solución inteligente de los problemas exige consideración cuidadosa de los efectos futuros de las soluciones presentes.*
> R. C. SPROUL

Escucha el consejo y acepta la corrección, para que seas sabio el resto de tus días. Muchos son los planes en el corazón del hombre, mas el consejo del SEÑOR permanecerá.
PROVERBIOS 19:20–21 LBLA

Sin dirección, la nación fracasa; el éxito depende de los muchos consejeros.
PROVERBIOS 11:14 NVI

El camino del necio es derecho en su opinión; mas el que obedece al consejo es sabio.
PROVERBIOS 12:15 RVR1960

Ningún proyecto prospera si no hay buena dirección; los proyectos que alcanzan el éxito son los que están bien dirigidos.
Proverbios 15:22 TLA

Compañero soy de todos los que te temen, y de los que guardan tus preceptos.
Salmos 119:63 LBLA

Cuando el cristiano honesto y sincero se ve enfrentado con la decisión sobre si algo es correcto o incorrecto, debería preguntarse: ¿Está esto de acuerdo con todo lo que la Escritura dice al respecto?
Curtis Hutson

¡Odien el mal y amen el bien! Hagan que impere la justicia en los tribunales.
Amós 5:15 NVI

16

Deseos

Los deseos buenos y los pecaminosos nos afectan
en nuestro caminar espiritual. Pero Dios claramente
nos dice que Él quiere darnos lo que sea que
deseemos si eso concuerda con su voluntad.

Los ojos de todos esperan en ti, y tú les das su comida a su tiempo. Abres tu mano, y colmas de bendición a todo ser viviente. Justo es Jehová en todos sus caminos, y misericordioso en todas sus obras.

SALMOS 145:15–17 RVR1960

Deléitate en el SEÑOR, y él te concederá los deseos de tu corazón.

SALMOS 37:4 NVI

> *Denme cien predicadores que no le teman a nada sino al pecado y que no deseen nada que no sea Dios y no preguntaré si son reverendos o laicos; solo eso hará temblar las puertas del infierno y establecerá el Reino de los cielos en la tierra.*
>
> JOHN WESLEY

¿A quién tengo yo en los cielos, sino a ti? Y fuera de ti, nada deseo en la tierra. Mi carne y mi corazón pueden desfallecer, pero Dios es la fortaleza de mi corazón y mi porción para siempre.

SALMOS 73:25–26 LBLA

> *Desear ardientemente orar sin cesar aunque la lengua no diga nada. Si lo anhela de esa manera, entonces nunca dejará de orar.*
>
> SAN AGUSTÍN

Así como un venado sediento desea el agua de un arroyo, así también yo, Dios mío, busco estar cerca de ti.

SALMOS 42:1 TLA

Cumplirá el deseo de los que le temen; oirá asimismo el clamor de ellos, y los salvará.

SALMOS 145:19 RVR1960

Ningún hombre podría desear ser feliz si al mismo tiempo no desea la santidad. Debería dedicar sus esfuerzos a conocer y hacer la voluntad de Dios, dejando a Jesucristo el asunto de cuán feliz llegará a ser.

A. W. TOZER

Tú, SEÑOR, escuchas la petición de los indefensos, les infundes aliento y atiendes a su clamor. Tú defiendes al huérfano y al oprimido, para que el hombre, hecho de tierra, no siga ya sembrando el terror.

SALMOS 10:17–18 NVI

No tengas envidia de los malvados, ni desees estar con ellos.

PROVERBIOS 24:1 LBLA

Si quieren gozar de la vida y vivir una vida feliz, dejen de hablar mal de otros y de andar diciendo mentiras.

SALMOS 34:12–13 TLA

Ningún deseo pecaminoso prospera por mucho tiempo. Aunque los cristianos fieles quizás tengan que esperar para que lleguen las bendiciones, sin duda llegarán enviadas por la mano de Dios.

No codiciarás la mujer de tu prójimo, ni desearás la casa de tu prójimo, ni su tierra, ni su siervo, ni su sierva, ni su buey, ni su asno, ni cosa alguna de tu prójimo.

DEUTERONOMIO 5:21 RVR1960

Pero los hombres que quieren mucho dinero son tentados. Se ven impulsados a hacer toda clase de obras necias que en verdad les hacen daño a ellos mismos. Sus deseos los hacen pecar y, al fin, los destruyen.

1 TIMOTEO 6:9 NUEVA VIDA

Lo que el malvado teme, eso le ocurre; lo que el justo desea, eso recibe.
PROVERBIOS 10:24 NVI

El deseo de los justos es sólo el bien, la esperanza de los malvados es la ira.
PROVERBIOS 11:23 LBLA

Dios bendice al joven que actúa con sabiduría, y que saca de ella más provecho que del oro y la plata. La sabiduría y el conocimiento valen más que las piedras preciosas; ¡ni los tesoros más valiosos se les pueden comparar!
PROVERBIOS 3:13–15 TLA

> *El deseo del amor es el gozo;*
> *El deseo de la vida es la paz;*
> *El deseo del alma es el cielo.*
> WILLIAM SHARP

Sé que no hay nada bueno en mí, o sea, en la carne; porque quiero hacer el bien y no lo hago.
ROMANOS 7:18 NUEVA VIDA

Y los que somos de Jesucristo ya hemos hecho morir en su cruz nuestro egoísmo y nuestros malos deseos.
GÁLATAS 5:24 TLA

Los que permitan que su antiguo yo pecador les indique lo que van a hacer viven bajo el poder del antiguo yo pecador; pero los que dejan que el Espíritu Santo les indique lo que deben hacer están bajo su poder.
ROMANOS 8:5 NUEVA VIDA

Seguid el amor; y procurad los dones espirituales, pero sobre todo que profeticéis.
1 Corintios 14:1 RVR1960

Señor, dame el deseo de seguirte tan de cerca que pueda sentir el roce de tu manto. Viviendo cerca de ti mantendrás el pecado alejado de mí

Así que les digo: Vivan por el Espíritu, y no seguirán los deseos de la naturaleza pecaminosa.
Gálatas 5:16 NVI

17

Discriminación

De ninguna manera la discriminación contra otra persona se ajusta al estilo de vida cristiano. La Palabra de Dios nos llama a amar a los demás sin que importe su nacionalidad, color de la piel o cualquiera otra cosa. Los cristianos deberían ser reconocidos por su amor hacia los demás creyentes tanto como a todo aquel que necesite aceptar a Cristo.

Un mandamiento nuevo os doy: que os améis los unos a los otros; que como yo os he amado, así también os améis los unos a los otros. En esto conocerán todos que sois mis discípulos, si os tenéis amor los unos a los otros.
JUAN 13:34-35 LBLA

Pero yo les digo: Amen a sus enemigos y oren por quienes los persiguen, para que sean hijos de su Padre que está en el cielo. Él hace que salga el sol sobre malos y buenos, y que llueva sobre justos e injustos.
MATEO 5:44-45 NVI

> *Así como los prejuicios enceguecen a los incrédulos*
> *respecto del único camino a la vida eterna, enceguecen*
> *a los creyentes al valor precioso de las almas.*
> A. CHARLES KREGAL

Amarás a tu prójimo como a ti mismo.
MATEO 19:19 RVR1960

[Pedro] les dijo —Ustedes deben saber que a nosotros, los judíos, la ley no nos permite visitar a personas de otra raza ni estar con ellas. Pero Dios me ha mostrado que yo no debo rechazar a nadie.
HECHOS 10:28 TLA

> *No hay prejuicio mayor que el que resulta de la noción*
> *que uno está exento de todos los prejuicios.*
> WILLIAM HAZLITT

Los hombres pueden lograr su paz con Dios poniendo su confianza en Cristo Jesús y creyendo en él. Para Dios no hay ninguna diferencia.

ROMANOS 3:22 NUEVA VIDA

Pues así como en un cuerpo tenemos muchos miembros, pero no todos los miembros tienen la misma función, así nosotros, que somos muchos, somos un cuerpo en Cristo e individualmente miembros los unos de los otros.

ROMANOS 12:4–5 LBLA

Si una mañana al despertar encontráramos que todo el mundo es de la misma raza, credo y color, para el medio día habríamos encontrado otra causa de prejuicio.

GEORGE AIKEN

Ya no hay judío ni griego, esclavo ni libre, hombre ni mujer, sino que todos ustedes son uno solo en Cristo Jesús.

GÁLATAS 3:28 NVI

Donde no hay griego ni judío, circuncisión ni incircuncisión, bárbaro ni escita, siervo ni libre, sino que Cristo es el todo, y en todos.

COLOSENSES 3:11 RVR1960

18

Divorcio

¿Podría la Palabra de Dios ser más clara sobre lo que Él piensa del divorcio? Pero los seres humanos somos seres caídos y a menudo nuestros fracasos impactan seriamente nuestros matrimonios; no obstante, la misericordia de nuestro Señor y su perdón obran a favor de nosotros sea que todo vaya bien, o no. Pero eso no cambia el hecho de que Dios diseñó el matrimonio para que fuera algo hermoso, uniendo a dos personas para toda la vida.

Y se acercaron a El algunos fariseos para probarle, diciendo: ¿Es lícito a un hombre divorciarse de su mujer por cualquier motivo? Y respondiendo El, dijo: ¿No habéis leído que aquel que los creó, desde el principio LOS HIZO VARON Y HEMBRA, y añadió: "POR ESTA RAZÓN EL HOMBRE DEJARA A su PADRE Y A su MADRE Y SE UNIRÁ A SU MUJER, Y LOS DOS SERÁN UNA SOLA CARNE"? Por consiguiente, ya no son dos, sino una sola carne. Por tanto, lo que Dios ha unido, ningún hombre lo separe. Ellos le dijeron: Entonces, ¿por qué mandó Moisés DARLE CARTA DE DIVORCIO Y REPUDIARLA? El les dijo: Por la dureza de vuestro corazón, Moisés os permitió divorciaros de vuestras mujeres; pero no ha sido así desde el principio. Y yo os digo que cualquiera que se divorcie de su mujer, salvo por infidelidad, y se case con otra, comete adulterio.
MATEO 19:3–9 LBLA

Se ha dicho: "El que repudia a su esposa debe darle un certificado de divorcio." Pero yo les digo que, excepto en caso de infidelidad conyugal, todo el que se divorcia de su esposa, la induce a cometer adulterio, y el que se casa con la divorciada comete adulterio también.
MATEO 5:31–32 NVI

Pero a los que están unidos en matrimonio, mando, no yo, sino el Señor: Que la mujer no se separe del marido; y si se separa, quédese sin casar, o reconcíliese con su marido; y que el marido no abandone a su mujer.
1 CORINTIOS 7:10–11 RVR1960

De acuerdo con la ley, el adulterio es la única
razón suficiente para el divorcio
A. W. PINK

Cuando alguno toma una mujer y se casa con ella, si sucede que no le es agradable porque ha encontrado algo reprochable en ella, y le escribe certificado de divorcio, lo pone en su mano y la despide de su casa, y ella sale de su casa y llega a ser mujer de otro hombre; si el segundo marido la aborrece y le escribe certificado de divorcio, lo pone en su mano y la despide de su casa, o si muere este último marido que la tomó para ser su mujer, al primer marido que la despidió no le es permitido tomarla nuevamente como mujer, porque ha sido menospreciada; pues eso es abominación ante el Señor. No traerás pecado sobre la tierra que el Señor tu Dios te da por heredad.
Deuteronomio 24:1–4 lbla

Otra cosa que ustedes hacen es inundar de lágrimas el altar del Señor; lloran y se lamentan porque él ya no presta atención a sus ofrendas ni las acepta de sus manos con agrado. Y todavía preguntan por qué. Pues porque el Señor actúa como testigo entre ti y la esposa de tu juventud, a la que traicionaste aunque es tu compañera, la esposa de tu pacto. ¿Acaso no hizo el Señor un solo ser, que es cuerpo y espíritu? Y ¿por qué es uno solo? Porque busca descendencia dada por Dios. Así que cuídense ustedes en su propio espíritu, y no traicionen a la esposa de su juventud. «Yo aborrezco el divorcio —dice el Señor, Dios de Israel. . . Así que cuídense en su espíritu, y no sean traicioneros.
Malaquías 2:13–16 nvi

Si una esposa cristiana tiene un esposo que no es cristiano, y él quiere vivir con ella, no debe dejarlo. El esposo que no es cristiano es separado del pecado del mundo por causa de su esposa cristiana. La esposa que no es cristiana es separada del pecado del mundo por causa de su esposo cristiano. De esta manera las vidas de sus hijos son limpias de pecado.
1 Corintios 7:13–14 nueva vida

La casada está unida a su esposo mientras el esposo vive.
Pero si el esposo muere, ella queda en libertad de casarse con
cualquier hombre cristiano.
1 CORINTIOS 7:39 TLA

*El adulterio es el asesinato del carácter; es el rompimiento
de una promesa solemne; es la alevosa traición de un ser
íntimo. El divorcio envuelve la misma clase de traición;
puede ser legal pero aun así, sigue siendo repugnante.*
DR. DAVID CRABTREE

Sea bendita tu fuente, y regocíjate con la mujer de tu juventud,
amante cierva y graciosa gacela; que sus senos te satisfagan en
todo tiempo, su amor te embriague para siempre.
PROVERBIOS 5:18–19 LBLA

Si un hombre se encuentra casualmente con una joven virgen
que no esté comprometida para casarse, y la obliga a acostarse
con él, y son sorprendidos, el hombre le pagará al padre de
la joven cincuenta monedas de plata, y además se casará con
la joven por haberla deshonrado. En toda su vida no podrá
divorciarse de ella.
DEUTERONOMIO 22:28–29 NVI

*En mis trece años como consejero matrimonial profesional,
nunca he visto un divorcio anti bíblico que haya causado menos
pena y sufrimiento que si el matrimonio se hubiera salvado.*
LOU PRIOLO

19

Duda

La duda nos asalta fácilmente y nos atemorizan las pruebas que trae. Pero esas pruebas son parte de nuestro crecimiento cristiano al aprender a confiar en nuestro Señor.

En verdad os digo que cualquiera que diga a este monte: "Quítate y arrójate al mar", y no dude en su corazón, sino crea que lo que dice va a suceder, le será concedido.

Marcos 11:23 lbla

Si a alguno de ustedes le falta sabiduría, pídasela a Dios, y él se la dará, pues Dios da a todos generosamente sin menospreciar a nadie. Pero que pida con fe, sin dudar, porque quien duda es como las olas del mar, agitadas y llevadas de un lado a otro por el viento. Quien es así no piense que va a recibir cosa alguna del Señor; es indeciso e inconstante en todo lo que hace.

Santiago 1:5–8 nvi

A algunos que dudan, convencedlos.

Judas 1:22 rvr1960

Aunque ya tenía casi cien años y sabía que pronto moriría, Abraham nunca dejó de confiar en Dios. Y aunque sabía que su esposa Sara no podía tener hijos, nunca dudó de que Dios cumpliría su promesa. Al contrario, su confianza era cada vez más firme, y daba gracias a Dios.

Romanos 4:19–20 tla

Tened cuidado, hermanos, no sea que en alguno de vosotros haya un corazón malo de incredulidad, para apartarse del Dios vivo.

Hebreos 3:12 lbla

> *Las preocupaciones afectan la circulación, el corazón,*
> *las glándulas y todo el sistema nervioso. No he conocido*
> *a una persona que haya muerto por exceso de trabajo*
> *pero sí a algunos que han muerto de dudas.*
>
> Charles H. Mayo

Quiero que los hombres oren en todas partes, levantando manos limpias, sin enojos ni pleitos.
1 TIMOTEO 2:8 NUEVA VIDA

Aun si voy por valles tenebrosos, no temo peligro alguno porque tú estás a mi lado; tu vara de pastor me reconforta.
SALMOS 23:4 NVI

> *Enciende... la lámpara de la fe en tu corazón. Te guiará con seguridad a través de las brumas de la duda y la negra oscuridad de la desesperación; por los estrechos y espinosos caminos de la enfermedad y la pena y por los lugares traicioneros de la tentación y la incertidumbre.*
>
> JAMES ALLEN

En la multitud de mis pensamientos dentro de mí, tus consolaciones alegraban mi alma.
SALMOS 94:19 RVR1960

Pero si alguien no está seguro si debe o no comer algo, y lo come, hace mal, porque no está actuando de acuerdo con lo que cree. Y ustedes bien saben que eso es malo, pues todo lo que se hace en contra de lo que uno cree, es pecado.
ROMANOS 14:23 TLA

20

Vida eterna

Aunque Dios no nos da todos los detalles sobre la eternidad, nos provee con el mapa que nos permite llegar hasta allí. La vida eterna está disponible solo para quienes ponen su confianza en su Hijo. Aunque nosotros por nuestros pecados nos hemos hecho acreedores de la muerte, en Jesús hemos sido favorecidos con una vida nueva y eterna.

Aquel que confía en el Hijo tiene vida que durará para siempre. Y aquel que no cree en el Hijo no tendrá vida. El enojo de Dios está sobre él.

JUAN 3:36 NUEVA VIDA

La eternidad para los santos es un día que no tiene ocaso; la eternidad para los malos es una noche que no tiene amanecer.

THOMAS WATSON

Les aseguro que todo el que preste atención a lo que digo, y crea en Dios, quien me envió, tendrá vida eterna. Aunque antes vivía alejado de Dios, ya no será condenado, pues ha recibido la vida eterna.

JUAN 5:24 TLA

Mis ovejas oyen mi voz; yo las conozco y ellas me siguen. Yo les doy vida eterna, y nunca perecerán, ni nadie podrá arrebatármelas de la mano. Mi Padre, que me las ha dado, es más grande que todos; y de la mano del Padre nadie las puede arrebatar.

JUAN 10:27–29 NVI

Y he aquí se le acercó uno y dijo: Maestro, ¿qué bien haré para obtener la vida eterna? Y El le dijo: ¿Por qué me preguntas acerca de lo bueno? Sólo Uno es bueno; pero si deseas entrar en la vida, guarda los mandamientos.

MATEO 19:16–17 LBLA

Y cualquiera que haya dejado casas, o hermanos, o hermanas, o padre, o madre, o mujer, o hijos, o tierras, por mi nombre, recibirá cien veces más, y heredará la vida eterna.

MATEO 19:29 RVR1960

¡Qué malo es para el mundo que existan cosas que hacen pecar a la gente! Porque así los hombres se ven tentados a pecar. Pero, es peor todavía para el que hace que otro peque. Si tu mano o tu pie son la causa de tu pecado, córtalos y tíralos, porque para ti es mejor ir al cielo sin mano o sin pie, que tener dos manos o dos pies y ser echado al fuego del infierno. Si tu ojo es la causa de tu pecado, sácalo y tíralo. Es mejor para ti ir al cielo con un ojo, que tener dos ojos y ser echado al fuego del infierno.
MATEO 18:7–9 NUEVA VIDA

Nada puede separarle del amor de Dios, absolutamente nada. Dios es suficiente ahora, Dios es suficiente por la eternidad. ¡Dios es suficiente!
HANNAH WHITALL SMITH

Dios amó tanto a la gente de este mundo, que me entregó a mí, que soy su único Hijo, para que todo el que crea en mí no muera, sino que tenga vida eterna.
JUAN 3:16 TLA

Lo mejor que podemos esperar en esta vida es un hueco a través del cual vislumbrar las brillantes realidades que hay adelante. Un vistazo es suficiente. Suficiente para convencer a nuestros corazones que sea cual sea el sufrimiento o las tristezas que nos asalten no son en absoluto comparables con lo que nos espera en el horizonte.
JONI EARECKSON TADA

Porque Dios «pagará a cada uno según lo que merezcan sus obras». Él dará vida eterna a los que, perseverando en las buenas obras, buscan gloria, honor e inmortalidad. Pero los que por egoísmo rechazan la verdad para aferrarse a la maldad, recibirán el gran castigo de Dios.
ROMANOS 2:6–8 NVI

Para que así como el pecado reinó en la muerte, así también la gracia reine por medio de la justicia para vida eterna, mediante Jesucristo nuestro Señor.
ROMANOS 5:21 LBLA

Porque la paga del pecado es muerte, mas la dádiva de Dios es vida eterna en Cristo Jesús Señor nuestro.
ROMANOS 6:23 RVR1960

> *Señor, tu Palabra me ha dado una visión de eternidad, y el Espíritu habla a mi corazón de su certeza. Que aquellos que dudan nunca me hagan desviarme de esta seguridad.*

Se les ha dado un nuevo nacimiento. Y fue dado de una semilla que no puede morir. La vida nueva viene de la palabra de Dios que vive para siempre.
1 PEDRO 1:23 NUEVA VIDA

El amor que nos tenemos demuestra que ya no estamos muertos, sino que ahora vivimos. Pero si ustedes no se aman los unos a los otros, eso quiere decir que todavía están bajo el poder de la muerte. Si ustedes se odian unos a otros, son asesinos, y ya saben que ningún asesino puede tener la vida eterna. Pero nosotros sabemos lo que es el amor, porque Jesucristo dio su vida por nosotros. Así también nosotros, debemos dar nuestra vida por nuestros hermanos en Cristo.
1 JUAN 3:14–16 TLA

Así manifestó Dios su amor entre nosotros: en que envió a su Hijo unigénito al mundo para que vivamos por medio de él.
1 JUAN 4:9 NVI

21

Mal

Hemos sentido la realidad del mal en nuestras propias
vidas y la hemos visto también en otros. En su Palabra,
nuestro Dios santo claramente delinea los peligros y
la realidad del mal y nos muestra cómo evitarlo.

Porque tú no eres un Dios que se complace en la maldad; el mal no mora contigo.

Salmos 5:4 lbla

Los ojos del Señor están en todo lugar, vigilando a los buenos y a los malos.

Proverbios 15:3 nvi

Dios pensó que era mejor transformar la maldad para que algo bueno resultara de ella que no permitir que la maldad existiera.

San Agustin

Entonces la serpiente dijo a la mujer: No moriréis; sino que sabe Dios que el día que comáis de él, serán abiertos vuestros ojos, y seréis como Dios, sabiendo el bien y el mal. Y vio la mujer que el árbol era bueno para comer, y que era agradable a los ojos, y árbol codiciable para alcanzar la sabiduría; y tomó de su fruto, y comió; y dio también a su marido, el cual comió así como ella.

Génesis 3:4–6 rvr1960

Deberíamos estar agradecidos que Dios no haya eliminado todo lo malo porque si lo hubiera hecho ¿no lo habría eliminado a usted? Suponga que Él haya dicho: «¡Muy bien, haré como tú quieres. Eliminaré todo lo malo en este mismo instante!» ¿Piensa que usted se habría librado?

Jim Elliff

Yo sé que mis deseos egoístas no me permiten hacer lo bueno, pues aunque quiero hacerlo, no puedo hacerlo. En vez de lo bueno que quiero hacer, hago lo malo que no quiero hacer. Pero si hago lo que no quiero hacer, en realidad no soy yo quien lo hace, sino el pecado que está dentro de mí.

Romanos 7:18–20 tla

También dijo: "Lo que sale del hombre es lo que le hace mal. De dentro del corazón del hombre salen los malos pensamientos, los pecados sexuales de los casados y de los solteros, los asesinatos, los robos, los deseos de obtener lo ajeno, las maldades, las mentiras, los deseos sexuales, las mentes que quieren pecar, el hablar contra Dios, el creerse mejor de lo que uno es y el hacer tonterías.

MARCOS 7:20–22 NUEVA VIDA

Mientras más oración haya en el mundo, mejor mundo tendremos; la oración es la más grande fuerza contra el mal.

E. M. BOUNDS

Porque nuestra lucha no es contra sangre y carne, sino contra principados, contra potestades, contra los poderes de este mundo de tinieblas, contra las huestes espirituales de maldad en las regiones celestes. Por tanto, tomad toda la armadura de Dios, para que podáis resistir en el día malo, y habiéndolo hecho todo, estar firmes.

EFESIOS 6:12–13 LBLA

Ésta es la causa de la condenación: que la luz vino al mundo, pero la humanidad prefirió las tinieblas a la luz, porque sus hechos eran perversos. Pues todo el que hace lo malo aborrece la luz, y no se acerca a ella por temor a que sus obras queden al descubierto. En cambio, el que practica la verdad se acerca a la luz, para que se vea claramente que ha hecho sus obras en obediencia a Dios.

JUAN 3:19–21 NVI

Apártate del mal, y haz el bien, y vivirás para siempre.

SALMOS 37:27 RVR1960

*Si Cristo murió por mí...yo no puedo convivir con el mal que mató
a mi mejor Amigo. Por su causa debo ser santo. ¿Cómo podría
vivir en el pecado cuando Él murió para salvarme del pecado?*

C. H. SPURGEON

Si quieren gozar de la vida y vivir una vida feliz, dejen de hablar
mal de otros y de andar diciendo mentiras; aléjense del mal y
hagan lo bueno, y procuren vivir siempre en paz.
SALMOS 34:12–14 TLA

No te irrites a causa de los malhechores; no tengas envidia de
los que practican la iniquidad. Porque como la hierba pronto
se secarán, y se marchitarán como la hierba verde. Confía en el
SEÑOR, y haz el bien; habita en la tierra, y cultiva la fidelidad.
SALMOS 37:1–3 LBLA

Pon en manos del SEÑOR todas tus obras, y tus proyectos se
cumplirán. Toda obra del SEÑOR tiene un propósito; ¡hasta el
malvado fue hecho para el día del desastre!
PROVERBIOS 16:3–4 NVI

Aunque ande en valle de sombra de muerte, no temeré mal
alguno, porque tú estarás conmigo; tu vara y tu cayado me
infundirán aliento.
SALMOS 23:4 RVR1960

El Dios altísimo es nuestro refugio y protección. Por eso ningún
desastre vendrá sobre nuestros hogares. Dios mismo les dirá a
sus ángeles que nos cuiden por todas partes.
SALMOS 91:9–11 TLA

La persona que soporta y sufre el mal con mansedumbre
y en silencio, es el súmmum del cristiano.
JOHN WESLEY

Felices serán cuando la gente los maltrate y diga cosas malas y falsas en su contra con el fin de hacerles daño porque creen en mí.
MATEO 5:11 NUEVA VIDA

Pero yo os digo: no resistáis al que es malo; antes, a cualquiera que te abofetee en la mejilla derecha, vuélvele también la otra.
MATEO 5:39 LBLA

Cuando alguien les haga algo malo, no le correspondan con algo malo, sino que traten de hacer lo que todos los hombres saben que es correcto y bueno.
ROMANOS 12:17 NUEVA VIDA

El que acepta pasivamente el mal tanto como si
se involucrara en él ayuda a cometerlo.
MARTIN LUTHER KING, JR.

SEÑOR, ponme en la boca un centinela; un guardia a la puerta de mis labios. No permitas que mi corazón se incline a la maldad, ni que sea yo cómplice de iniquidades; no me dejes participar de banquetes en compañía de malhechores.
SALMOS 141:3–4 NVI

Jehová te guardará de todo mal; El guardará tu alma. Jehová guardará tu salida y tu entrada desde ahora y para siempre.
SALMOS 121:7–8 RVR1960

Quien piensa que el mal y el mundo son meras ilusiones
realmente no vive como si fuera así. Puede insistir en que todo
no es más que fantasía pero si alguien lo empujara enfrente
de un bus en marcha, rápidamente cambiaría de opinión.
NORMAL L. GEISLER

Toma en cuenta a Dios en todas tus acciones, y él te ayudará en todo. No te creas muy sabio; obedece a Dios y aléjate del mal; así te mantendrás sano y fuerte.
PROVERBIOS 3:6–8 TLA

El que con diligencia busca el bien, se procura favor, pero el que busca el mal, le vendrá.
PROVERBIOS 11:27 LBLA

Pecado no es solo hacer lo malo sino no hacer lo bueno que sabemos.
HARRY IRONSIDE

No permitan que el pecado tenga poder sobre ustedes. ¡Que el bien tenga poder sobre el pecado!
ROMANOS 12:21 NUEVA VIDA

Sométanlo todo a prueba, aférrense a lo bueno, eviten toda clase de mal.
1 TESALONICENSES 5:21–22 NVI

El hombre bueno, del buen tesoro del corazón saca buenas cosas; y el hombre malo, del mal tesoro saca malas cosas. Mas yo os digo que de toda palabra ociosa que hablen los hombres, de ella darán cuenta en el día del juicio.
MATEO 12:35–36 RVR1960

22

sexo extramarital

Una versión resumida de los mandamientos que hay
en la Biblia sobre este asunto podría ser: «¡No lo
hagas!» La relación marital es un cuadro de Cristo y
la Iglesia y Dios toma nuestro mal comportamiento
sexual muy en serio. Sea antes, durante y después
del matrimonio, el sexo extramarital no es la clase de
actividad en la que el cristiano debería involucrarse.

Sea el matrimonio honroso en todos, y el lecho matrimonial sin mancilla, porque a los inmorales y a los adúlteros los juzgará Dios.

HEBREOS 13:4 LBLA

> *Cuando el adulterio entra, todo lo valioso que tenemos se va.*
> WOODROW KROLL

No cometas adulterio.

ÉXODO 20:14 NVI

Si fuere sorprendido alguno acostado con una mujer casada con marido, ambos morirán, el hombre que se acostó con la mujer, y la mujer también; así quitarás el mal de Israel.

DEUTERONOMIO 22:22 RVR1960

Si alguno seduce a una doncella que no esté desposada, y se acuesta con ella, deberá pagar una dote por ella para que sea su mujer.

ÉXODO 22:16 LBLA

Si un hombre se casa, y después de haberse acostado con su esposa le toma aversión, y falsamente la difama y la acusa, alegando: "Me casé con esta mujer, pero al tener relaciones con ella descubrí que no era virgen". . . . Pero si la acusación es verdadera y no se demuestra la virginidad de la joven, la llevarán a la puerta de la casa de su padre, y allí los hombres de la ciudad la apedrearán hasta matarla. Esto le pasará por haber cometido una maldad en Israel y por deshonrar con su mala conducta la casa de su padre. Así extirparás el mal que haya en medio de ti.

DEUTERONOMIO 22:13–14, 20–21 NVI

*La primera característica del pecado sexual es el engaño. Nunca cumple
lo que promete. Ofrece grandes satisfacciones pero da gran frustración.
Pretende ser la verdadera vida pero en realidad es camino a la muerte.*

JOHN MACARTHUR

La sabiduría te librará de la mujer que engaña a su esposo, y
también te engaña a ti con sus dulces mentiras; de esa mujer
que se olvida de su promesa ante Dios.
PROVERBIOS 2:16–17 TLA

El cuerpo no es para los pecados sexuales. El cuerpo pertenece
al Señor. El Señor es para nuestro cuerpo.
1 CORINTIOS 6:13 NUEVA VIDA

*Nadie ha dicho que la pureza sexual es fácil. Por eso es que las
Escrituras nos llaman a huir de este pecado. La persona que juega
con la idea segura y prontamente caerá de las normas de Dios.*

Huid de la fornicación. Cualquier otro pecado que el hombre
cometa, está fuera del cuerpo; mas el que fornica, contra su
propio cuerpo peca.
1 CORINTIOS 6:18 RVR1960

Pero yo les digo que, excepto en caso de infidelidad conyugal,
todo el que se divorcia de su esposa, la induce a cometer
adulterio, y el que se casa con la divorciada comete adulterio
también.
MATEO 5:32 NVI

Ahora bien, las obras de la carne son evidentes, las cuales son:
inmoralidad, impureza, sensualidad.
GÁLATAS 5:19 LBLA

*La monstruosidad de la relación sexual fuera del matrimonio
está en que quienes caen en ello están tratando de aislar un tipo
de unión (la sexual) de todas las otras clases de uniones de las
cuales la sexual es parte y que forman una unión total.*

C. S. Lewis

Si quieres disfrutar del amor disfrútalo con tu esposa. ¡Guarda tu
amor sólo para ella! ¡No se lo des a ninguna otra! No compartas
con nadie el gozo de tu matrimonio. ¡Bendita sea tu esposa!, ¡la
novia de tu juventud! Es como una linda venadita; deja que su
amor y sus caricias te hagan siempre feliz.

Proverbios 5:15–19 tla

Les digo esto: Dejen que el Espíritu Santo les guíe en cada paso
de su vida. Así no querrán hacer las cosas malas de antes.

Gálatas 5:16 nueva vida

23

Fe

Fe es una interacción maravillosa entre Dios y
los seres humanos. Nuestro Señor nos llama a
confiar y, a través de la salvación que Él ofrece en
Jesús, creer e iniciar un camino de vida de fe.

Fíate de Jehová de todo tu corazón, y no te apoyes en tu propia prudencia.
Proverbios 3:5 RVR1960

Porque por gracia ustedes han sido salvados mediante la fe; esto no procede de ustedes, sino que es el regalo de Dios, no por obras, para que nadie se jacte.
Efesios 2:8–9 NVI

Por tanto, habiendo sido justificados por la fe, tenemos paz para con Dios por medio de nuestro Señor Jesucristo, por medio de quien también hemos obtenido entrada por la fe a esta gracia en la cual estamos firmes, y nos gloriamos en la esperanza de la gloria de Dios.
Romanos 5:1–2 LBLA

Nadie puede agradar a Dios sólo obedeciendo la ley, pues la Biblia dice: "Los que Dios ha aceptado y confían en él, vivirán para siempre."
Gálatas 3:11 TLA

Lo hermoso en esta aventura llamada fe es que podemos contar con que Él nunca dejará que nos extraviemos.
Chuck Swindoll

Así, la fe nos llega al escuchar las buenas nuevas, y las buenas nuevas llegan cuando hay alguien que las predica.
Romanos 10:17 NUEVA VIDA

Amad a Jehová, todos vosotros sus santos; a los fieles guarda Jehová, y paga abundantemente al que procede con soberbia.
Salmos 31:23 RVR1960

Fe es dos manos vacías y abiertas para recibir todo del Señor.
Alan Redpath

Que nunca te abandonen el amor y la verdad: llévalos siempre alrededor de tu cuello y escríbelos en el libro de tu corazón.
PROVERBIOS 3:3 NVI

Y los apóstoles dijeron al Señor: ¡Auméntanos la fe! Entonces el Señor dijo: Si tuvierais fe como un grano de mostaza, diríais a este sicómoro: "Desarráigate y plántate en el mar." Y os obedecería.
LUCAS 17:5–6 LBLA

¿Que mi cuerpo volverá al polvo del cual fue tomado?
No importa porque la fe sigue firme
Con la misma y particular confianza.
GEORGE HERBERT

En cambio, Dios declara inocente al pecador, aunque el pecador no haya hecho nada para merecerlo, porque Dios le toma en cuenta su confianza en él.
ROMANOS 4:5 TLA

Pero ahora, Dios nos ha dado otra manera para estar en paz con él y que no es mediante la ley. La ley misma y los antiguos predicadores de Dios han hablado de esto. Los hombres pueden lograr su paz con Dios poniendo su confianza en Cristo Jesús y creyendo en él. Para Dios no hay ninguna diferencia, porque todos han pecado y han perdido el derecho de ir a la presencia de Dios. Pero pueden ser perdonados gratuitamente por su favor mediante la sangre de Cristo que los libra de sus pecados.
ROMANOS 3:21–24 NUEVA VIDA

Nosotros, judíos de nacimiento, y no pecadores de entre los gentiles, sabiendo que el hombre no es justificado por las obras de la ley, sino por la fe de Jesucristo, nosotros también hemos creído en Jesucristo, para ser justificados por la fe de Cristo y no por las obras de la ley, por cuanto por las obras de la ley nadie será justificado.
GÁLATAS 2:15–16 RVR1960

Fe es creer aun sin ver; la recompensa por esta fe es ver lo que creemos.
SAN AGUSTÍN

Vivimos por fe, no por vista.
2 CORINTIOS 5:7 NVI

Con Cristo he sido crucificado, y ya no soy yo el que vive, sino que Cristo vive en mí; y la vida que ahora vivo en la carne, la vivo por fe en el Hijo de Dios, el cual me amó y se entregó a sí mismo por mí.
GÁLATAS 2:20 LBLA

Una verdadera fe en Cristo Jesús no nos dejará estar ociosos. No. Esta fe es una fe activa, viva, incansable. Llena el corazón de modo que siempre estará haciendo algo por Cristo.
GEORGE WHITEFIELD

Lo mismo pasa con la fidelidad a Dios: de nada nos sirve decir que somos fieles a Dios si no hacemos nada que lo demuestre. Esa clase de fidelidad está muerta.
SANTIAGO 2:17 TLA

No permitas que nadie te demuestre poco respeto porque eres joven. Que tu propia vida sea ejemplar para los demás cristianos. Deben poder imitarte en lo que dices y haces. Muéstrales cómo vivir en fe, amor y santidad.
1 TIMOTEO 4:12 NUEVA VIDA

Velad, estad firmes en la fe; portaos varonilmente, y esforzaos.
1 CORINTIOS 16:13 RVR1960

La tentación ejercita nuestra fe y nos enseña a orar.
A. B. SIMPSON

Examínense para ver si están en la fe; pruébense a sí mismos. ¿No se dan cuenta de que Cristo Jesús está en ustedes? ¡A menos que fracasen en la prueba!
2 CORINTIOS 13:5 NVI

24

Enseñanzas falsas

Sabemos que las enseñanzas falsas están ahí, a la puerta,
¿pero cómo podemos identificarlas y evitar teologías
erróneas? Cuando conocemos bien la Palabra de Dios,
las enseñanzas falsas se revelarán por sí solas. Cualquier
cosa que no esté de acuerdo con las Escrituras, es falsa.

Entonces el Señor me dijo: Mentira profetizan los profetas en mi nombre. Yo no los he enviado, ni les he dado órdenes, ni les he hablado; visión falsa, adivinación, vanidad y engaño de sus corazones ellos os profetizan. Por tanto, así dice el Señor: En cuanto a los profetas que profetizan en mi nombre sin que yo los haya enviado, y que dicen: "No habrá espada ni hambre en esta tierra", a espada y de hambre esos profetas perecerán. También el pueblo a quien profetizan estará tirado por las calles de Jerusalén a causa del hambre y de la espada; no habrá quien los entierre a ellos, ni a sus mujeres, ni a sus hijos, ni a sus hijas, pues derramaré sobre ellos su maldad.
JEREMÍAS 14:14–16 LBLA

Es curioso que todas las herejías que se han levantado en la Iglesia cristiana han tendido a «deshonrar a Dios y a adular al hombre».
C. H. SPURGEON

Si lo que el profeta proclame en nombre del Señor no se cumple ni se realiza, será señal de que su mensaje no proviene del Señor. Ese profeta habrá hablado con presunción. No le temas.
DEUTERONOMIO 18:22 NVI

¿De qué sirve la escultura que esculpió el que la hizo? ¿la estatua de fundición que enseña mentira, para que haciendo imágenes mudas confíe el hacedor en su obra?
HABACUC 2:18 RVR1960

Yo diría que muchas de las herejías religiosas son el resultado de una falta de entendimiento de la naturaleza básica de Dios. Una vez que tenemos una comprensión adecuada de Dios, por lo general la mayor parte de las áreas de nuestras vidas coinciden con lo que Dios es y lo que Él desea para cada uno de nosotros.
JOSH MCDOWELL

En el pueblo de Israel hubo también algunos que decían ser enviados por Dios, pero no lo eran. Así también, entre ustedes, habrá quienes se crean maestros enviados por Dios, sin serlo. Ellos les darán enseñanzas falsas y peligrosas sin que ustedes se den cuenta, y hasta dirán que Jesucristo no es capaz de salvar. Por eso, cuando menos lo esperen, serán destruidos por completo. Mucha gente vivirá como esos falsos maestros, haciendo todo lo malo que se les antoje. Por culpa de ellos la gente hablará mal de los cristianos y su modo de vivir. Esos falsos maestros desearán tener más y más dinero, y lo ganarán enseñándoles mentiras. Pero Dios ya decidió castigarlos desde hace mucho tiempo, y no se salvarán de ese castigo.
2 Pedro 2:1–3 TLA

Queridos hermanos, no crean en cualquier espíritu. Primero, prueben si ese espíritu viene de Dios, porque hay muchos mentirosos que predican en el mundo. Ustedes pueden saber si el espíritu es de Dios de esta manera: Todo aquel que dice que Jesucristo vino al mundo como hombre verdadero tiene el espíritu de Dios.
1 Juan 4:1–2 NUEVA VIDA

> *Compare Escritura con Escritura. Las doctrinas falsas,*
> *como los testigos falsos, no están de acuerdo entre ellas.*
> William Gurnall

Si alguno enseña una doctrina diferente y no se conforma a las sanas palabras, las de nuestro Señor Jesucristo, y a la doctrina que es conforme a la piedad, está envanecido y nada entiende, sino que tiene un interés morboso en discusiones y contiendas de palabras, de las cuales nacen envidias, pleitos, blasfemias, malas sospechas, y constantes rencillas entre hombres de mente depravada, que están privados de la verdad, que suponen que la piedad es un medio de ganancia.
1 Timoteo 6:3–5 LBLA

Ahora bien, si se predica que Cristo ha sido levantado de entre los muertos, ¿cómo dicen algunos de ustedes que no hay resurrección? Si no hay resurrección, entonces ni siquiera Cristo ha resucitado. Y si Cristo no ha resucitado, nuestra predicación no sirve para nada, como tampoco la fe de ustedes.
1 Corintios 15:12–14 nvi

Mi método preferido para derrotar el error y las herejías es llenarme de la verdad. Alguien puede querer llenar un contenedor con arvejas pero si yo primero lo he llenado de trigo, estaré desbaratando sus intentos.
John Newton

Para que ya no seamos niños fluctuantes, llevados por doquiera de todo viento de doctrina, por estratagema de hombres que para engañar emplean con astucia las artimañas del error.
Efesios 4:14 rvr1960

Si en esos días alguien les dice: "Miren, aquí está el Mesías" o "allí está el Mesías," no le crean. Porque vendrán falsos Mesías y falsos profetas, y harán cosas tan maravillosas que engañarán a la gente. Si pueden, engañarán también a los que Dios ha llamado a seguirlo. ¡Tengan cuidado! Ya les he advertido de todo esto antes de que pase.
Marcos 13:21–23 tla

Sé lo que has hecho y lo duro que has trabajado. Sé cuánto tiempo puedes esperar sin desanimarte. Sé que no soportas a los hombres pecadores. También sé que has puesto a prueba a aquellos que se llaman a sí mismos misioneros. Has encontrado que no son misioneros verdaderos, sino falsos.
Apocalipsis 2:2 nueva vida

25

Familia

La familia es una institución diseñada por Dios
que refleja tanto su amor a través del matrimonio
como provee un refugio para los hijos que vienen.
Dios nos da en forma natural toda la información
que necesitamos para tener una familia feliz.

Honra a tu padre y a tu madre, para que disfrutes de una larga vida en la tierra que te da el Señor tu Dios.
ÉXODO 20:12 NVI

Y de la costilla que Jehová Dios tomó del hombre, hizo una mujer, y la trajo al hombre. Dijo entonces Adán: Esto es ahora hueso de mis huesos y carne de mi carne; ésta será llamada Varona, porque del varón fue tomada. Por tanto, dejará el hombre a su padre y a su madre, y se unirá a su mujer, y serán una sola carne.
GÉNESIS 2:22–24 RVR1960

No hay nada más amoroso y amistoso, que ofrezca una relación más encantadora, comunión o compañía que un buen matrimonio.
MARTIN LUTERO

¡Qué difícil es hallar una esposa extraordinaria! ¡Hallarla es como encontrarse una joya muy valiosa! Quien se casa con ella puede darle toda su confianza; dinero nunca le faltará. A ella todo le sale bien; nunca nada le sale mal.
PROVERBIOS 31:10–12 TLA

Mujeres, obedezcan a sus esposos, porque al hacerlo, obedecen al Señor. El esposo es la cabeza de su esposa, como Cristo es la cabeza de la iglesia. La iglesia es el cuerpo de Cristo, a quien él salva. Como la iglesia obedece a Cristo, así las mujeres deben obedecer a sus maridos en todo. Maridos, amen a sus esposas. Deben amarlas como Cristo amó a la iglesia. Él dio su vida por ella.
EFESIOS 5:22–25 NUEVA VIDA

Y vosotros, maridos, igualmente, convivid de manera comprensiva con vuestras mujeres, como con un vaso más frágil, puesto que es mujer, dándole honor como a coheredera de la gracia de la vida, para que vuestras oraciones no sean estorbadas.
1 PEDRO 3:7 LBLA

Aunque mi padre y mi madre me abandonen, el Señor me recibirá en sus brazos.
Salmos 27:10 NVI

> *Niños, recuerden que ustedes son hijos de Dios y también hijos de sus padres. Una familia feliz no pone su confianza en sus capacidades sino en su habilidad para crear buenas relaciones.*

Hijos, obedeced en el Señor a vuestros padres, porque esto es justo.
Efesios 6:1 RVR1960

Padres, no sean duros con sus hijos para que no se desanimen ni dejen de hacer lo que es bueno.
Colosenses 3:21 NUEVA VIDA

> *Sin duda que Dios va a demandar de los padres rendición de cuentas por sus hijos, porque son de Él y solo los ha prestado para que los cuiden y protejan.*
> A. W. Pink

Si amas a tu hijo, corrígelo; si no lo amas, no lo castigues.
Proverbios 13:24 TLA

He aquí, don del Señor son los hijos; y recompensa es el fruto del vientre.
Salmos 127:3 LBLA

> *Todos sabemos lo emocionante que es recibir un regalo. Nos gusta abrirlo para saber lo que hay adentro. Igual cosa ocurre con nuestros hijos; ellos son un regalo que nosotros vamos abriendo por años y descubriendo el carácter único que Dios ha dado a cada uno de ellos.*
> Cornelius Plantinga

El hijo sabio alegra a su padre; el hijo necio menosprecia a su madre.

PROVERBIOS 15:20 NVI

Guarda, hijo mío, el mandamiento de tu padre, y no dejes la enseñanza de tu madre;

PROVERBIOS 6:20 RVR1960

Presta atención a tus padres, pues ellos te dieron la vida; y cuando lleguen a viejos, no los abandones.

PROVERBIOS 23:22 TLA

Cualquiera que no cuide a su familia y a los que están en su casa ha abandonado la fe. El que así descuida a los suyos es peor que una persona que nunca ha puesto su fe en Cristo.

1 TIMOTEO 5:8 NUEVA VIDA

26

Temor

Hay dos clases de temores: el temor de (o el respeto a) Dios y el temor inseguro que se concentra en todas las cosas que pudieran ser erróneas en nuestras vidas. El temor de Dios es algo bueno porque nos acerca a Él con respeto y amor. Pero el temor inseguro muestra nuestra falta de seguridad en Él.

¡Oh si [Israel] tuvieran tal corazón que me temieran, y guardaran siempre todos mis mandamientos, para que les fuera bien a ellos y a sus hijos para siempre!
DEUTERONOMIO 5:29 LBLA

> *No le temo al demonio, pero tiemblo cada vez*
> *que me paro detrás del púlpito.*
> JOHN KNOX

Y ahora, Israel, ¿qué te pide el SEÑOR tu Dios? Simplemente que le temas y andes en todos sus caminos, que lo ames y le sirvas con todo tu corazón y con toda tu alma, y que cumplas los mandamientos y los preceptos que hoy te manda cumplir, para que te vaya bien.
DEUTERONOMIO 10:12–13 NVI

Aunque ande en valle de sombra de muerte, no temeré mal alguno, porque tú estarás conmigo; tu vara y tu cayado me infundirán aliento.
SALMOS 23:4 RVR1960

Me puede atacar un ejército, pero yo no siento miedo; me pueden hacer la guerra, pero yo mantengo la calma.
SALMOS 27:3 TLA

Busqué al SEÑOR, y El me respondió, y me libró
de todos mis temores.
SALMOS 34:4 LBLA

> *Fe, que es confiar y temor son los polos opuestos. Si alguien tiene*
> *solo uno de los dos, apenas podrá mantener al otro activo.*
> ALEXANDER MACLAREN

Dios es nuestro amparo y nuestra fortaleza, nuestra ayuda segura en momentos de angustia. Por eso, no temeremos aunque se desmorone la tierra y las montañas se hundan en el fondo del mar; aunque rujan y se encrespen sus aguas, y ante su furia retiemblen los montes.

SALMOS 46:1–3 NVI

> ¿Estás enfrentando temor? Nos pasa a todos. No dejes
> que el miedo impida que Dios te use. Hasta aquí Dios te
> ha protegido. Confía en Él para el resto del camino.
> WOODROW KROLL

Todo el día mis enemigos me pisotean; porque muchos son los que pelean contra mí con soberbia. En el día que temo, Yo en ti confío. En Dios alabaré su palabra; en Dios he confiado; no temeré; ¿Qué puede hacerme el hombre? Todos los días ellos pervierten mi causa; contra mí son todos sus pensamientos para mal.

SALMOS 56:2–5 RVR1960

No tengan miedo de la gente que puede destruir el cuerpo, pero no el alma. Teman a Dios, que sí puede destruir en el infierno el cuerpo y el alma. "Dos pajarillos no valen sino una monedita. Sin embargo, ninguno de los dos muere sin que Dios, el Padre de ustedes, lo permita. ¡Dios sabe hasta cuántos cabellos tienen ustedes en la cabeza! Por eso, no tengan miedo. Ustedes valen mucho más que todos los pajarillos."

MATEO 10:28–31 TLA

No teman, pequeño rebaño, porque su Padre desea darles el reino de Dios. Vendan lo que tengan y denles el dinero a los pobres. Tengan bolsas que nunca se desgasten, llenas de riquezas en el cielo. Esas riquezas nunca se acaban. Ningún ladrón se las puede llevar, ni pueden comérselas los insectos.

LUCAS 12:32–33 NUEVA VIDA

Porque todos los que son guiados por el Espíritu de Dios, los tales son hijos de Dios. Pues no habéis recibido un espíritu de esclavitud para volver otra vez al temor, sino que habéis recibido un espíritu de adopción como hijos, por el cual clamamos: ¡Abba, Padre!
ROMANOS 8:14–15 LBLA

> *Satanás es el padre del miedo, y si nos tomáramos tiempo para pensar aunque sea un momento, nos daríamos cuenta que todo lo que dice Satanás está fundado en una falsedad.*
> A. B. SIMPSON

Pues Dios no nos ha dado un espíritu de timidez, sino de poder, de amor y de dominio propio.
2 TIMOTEO 1:7 NVI

Por la fe [Moisés] dejó a Egipto, no temiendo la ira del rey; porque se sostuvo como viendo al Invisible.
HEBREOS 11:27 RVR1960

Sea vuestro carácter sin avaricia, contentos con lo que tenéis, porque El mismo ha dicho: NUNCA TE DEJARÉ NI TE DESAMPARARÉ, de manera que decimos confiadamente: EL SEÑOR ES EL QUE ME AYUDA; NO TEMERÉ. ¿QUÉ PODRÁ HACERME EL HOMBRE?
HEBREOS 13:5–6 LBLA

La persona que ama no tiene miedo. Donde hay amor no hay temor. Al contrario, el verdadero amor quita el miedo. Si alguien tiene miedo de que Dios lo castigue, es porque no ha aprendido a amar.
1 JUAN 4:18 TLA

> *Cuando alguien enseña a su mente a creer que no hay nada no pueda soportar, el temor se aleja de él.*
> GROVE PATTERSON

27

seguir a Dios

Para el cristiano, seguir a Dios es un compromiso para toda la vida y eso llenará nuestra vida hasta rebosar. De igual manera, seguir a Jesús como Él demanda compromete nuestra vida entera.

Y ahora, Israel, ¿qué requiere de ti el Señor tu Dios, sino que temas al Señor tu Dios, que andes en todos sus caminos, que le ames y que sirvas al Señor tu Dios con todo tu corazón y con toda tu alma, y que guardes los mandamientos del Señor y sus estatutos que yo te ordeno hoy para tu bien?

Deuteronomio 10:12–13 lbla

Desde el cielo Dios contempla a los mortales, para ver si hay alguien que sea sensato y busque a Dios.

Salmos 53:2 nvi

¿Para qué fuimos hechos? Para conocer a Dios. ¿Cuál debe ser nuestra meta? Conocer a Dios. ¿En qué consiste la vida eterna que nos da Jesús? En conocer a Dios. ¿Qué es lo mejor de la vida? Conocer a Dios. ¿Qué cosa que hagan los seres humanos da más alegría a Dios? Conocerle a Él.

J. I. Packer

Otra vez Jesús les habló, diciendo: Yo soy la luz del mundo; el que me sigue, no andará en tinieblas, sino que tendrá la luz de la vida.

Juan 8:12 rvr1960

Sin duda, el que cree que sabe mucho, en realidad no sabe nada. Pero Dios reconoce a todo aquel que lo ama.

1 Corintios 8:2–3 tla

La regla que gobierna mi vida es esta: Cualquiera cosa que opaque mi visión de Cristo, o me quite el deseo de estudiar la Biblia, o restrinja mi vida de oración o haga difícil mi quehacer como cristiano es mala para mí y debo alejarme de eso.

J. Wilbur Chapman

Amarás al Señor, tu Dios, con todo tu corazón, con toda tu alma, con toda tu mente y con toda tu fuerza.
DEUTERONOMIO 6:4-5

Este es el primero de los mandamientos.
MARCOS 12:30 NUEVA VIDA

Pero ahora que conocéis a Dios, o más bien, que sois conocidos por Dios, ¿cómo es que os volvéis otra vez a las cosas débiles, inútiles y elementales, a las cuales deseáis volver a estar esclavizados de nuevo?
GÁLATAS 4:9 LBLA

> *El Espíritu Santo hace a una persona un cristiano y si esta persona llega a serlo mediante la obra del Espíritu Santo, el mismo Espíritu lo acerca a otros en la iglesia. Un cristiano individual no es un cristiano completo.*
>
> R. BROKHOFF

Si alguien afirma: «Yo amo a Dios», pero odia a su hermano, es un mentiroso; pues el que no ama a su hermano, a quien ha visto, no puede amar a Dios, a quien no ha visto. Y él nos ha dado este mandamiento: el que ama a Dios, ame también a su hermano.
1 JUAN 4:20–21 NVI

Pero si vivimos en la luz, así como Dios vive en la luz, nos mantendremos unidos como hermanos y Dios perdonará nuestros pecados por medio de la sangre de su Hijo Jesús.
1 JUAN 1:7 TLA

> *Si yo, un padre terrenal puedo identificar una sensación de placer en el bienestar de mi hijo, seguramente eso me dará una idea de cómo nuestro Padre celestial se siente cuando lo agradamos a Él. Si solo entendiéramos esto, nuestras vidas se verían revolucionadas.*
>
> ALISTAIR BEGG

En pos de Jehová vuestro Dios andaréis; a él temeréis, guardaréis sus mandamientos y escucharéis su voz, a él serviréis, y a él seguiréis.
DEUTERONOMIO 13:4 RVR1960

Del mismo modo que creyeron en el Señor Jesucristo, déjenle ahora que les guíe en todos sus pasos.
COLOSENSES 2:6 NUEVA VIDA

Digo, pues: Andad por el Espíritu, y no cumpliréis el deseo de la carne.
GÁLATAS 5:16 LBLA

Por tanto, imiten a Dios, como hijos muy amados, y lleven una vida de amor, así como Cristo nos amó y se entregó por nosotros como ofrenda y sacrificio fragante para Dios.
EFESIOS 5:1–2 NVI

Nosotros somos obra de él. Él nos hizo para pertenecer a Cristo Jesús a fin de que podamos trabajar por él. Mucho antes Dios hizo planes para que nosotros hiciéramos esto.
EFESIOS 2:10 NUEVA VIDA

> *El ideal cristiano no ha sido buscar y encontrar lo que queremos. Ha sido encontrar dificultades y pasar por sobre ellas.*
> G. K. CHESTERTON

28

Perdón

El perdón es una parte importante de la vida
cristiana. Dios nos ha perdonado de nuestros
pecados y nosotros, a nuestra vez, tenemos que
perdonar a otros, con la ayuda de su Espíritu.

¿Qué Dios como tú, que perdona la maldad, y olvida el pecado del remanente de su heredad? No retuvo para siempre su enojo, porque se deleita en misericordia. El volverá a tener misericordia de nosotros; sepultará nuestras iniquidades, y echará en lo profundo del mar todos nuestros pecados.

MIQUEAS 7:18–19 RVR1960

"El Señor es lento para la ira y abundante en misericordia, y perdona la iniquidad y la transgresión; mas de ninguna manera tendrá por inocente al culpable; sino que castigará la iniquidad de los padres sobre los hijos hasta la tercera y la cuarta generación."

NÚMEROS 14:18 LBLA

Si no nos humillamos ante la grandeza del perdón de Dios, necesitamos preguntarnos si en realidad tenemos una relación con Él.

Pero tú no los abandonaste porque eres Dios perdonador, clemente y compasivo, lento para la ira y grande en amor.

NEHEMÍAS 9:17 NVI

Si yo cerrare los cielos para que no haya lluvia, y si mandare a la langosta que consuma la tierra, o si enviare pestilencia a mi pueblo; si se humillare mi pueblo, sobre el cual mi nombre es invocado, y oraren, y buscaren mi rostro, y se convirtieren de sus malos caminos; entonces yo oiré desde los cielos, y perdonaré sus pecados, y sanaré su tierra.

2 CRÓNICAS 7:13–14 RVR1960

Cualquiera que no está conmigo está contra mí. Cualquiera que no recoge conmigo desparrama. Yo les digo que todo pecado y toda mala palabra que diga el hombre contra Dios serán perdonados; pero las malas palabras dichas contra el Espíritu Santo no serán perdonadas.

MATEO 12:30–31 NUEVA VIDA

Dios mío, tu perdón nos llega a todos como una bendición; tu perdón borra nuestros pecados y rebeldías.
SALMOS 32:1 TLA

Dios nos perdonó sin que mediara mérito alguno por nuestra parte; por lo tanto, nosotros debemos perdonar a otros, sea que los consideremos dignos o no de dicho perdón.
LEHMAN STRAUSS

Bendice, alma mía, al SEÑOR, y no olvides ninguno de sus beneficios. El es el que perdona todas tus iniquidades, el que sana todas tus enfermedades; el que rescata de la fosa tu vida, el que te corona de bondad y compasión;
SALMOS 103:2–4 LBLA

Si confesamos nuestros pecados, Dios, que es fiel y justo, nos los perdonará y nos limpiará de toda maldad.
1 JUAN 1:9 NVI

Por amor de tu nombre, oh Jehová, perdonarás también mi pecado, que es grande.
SALMOS 25:11 RVR1960

Si ustedes perdonan a otros el mal que les han hecho, Dios, su Padre que está en el cielo, los perdonará a ustedes. Pero si ustedes no perdonan a los demás, tampoco su Padre los perdonará a ustedes.
MATEO 6:14–15 TLA

No tenemos que subir al cielo para saber si nuestros pecados han sido perdonados; miremos dentro de nuestros corazones y veamos si podemos perdonar a otros. Si podemos, no hay duda que Dios nos ha perdonado.
THOMAS WATSON

Entonces Pedro vino a Jesús y le dijo: "Señor, ¿cuántas veces podrá mi hermano pecar contra mí y yo perdonarle? ¿Hasta siete veces?" Jesús le dijo: "No te digo siete veces, sino aun hasta setenta veces siete."

Mateo 18:21–22 nueva vida

> *El perdón es un acto de la voluntad, y la voluntad puede funcionar independientemente de la temperatura del corazón.*
>
> Corrie ten Boom

Y cuando estéis orando, perdonad si tenéis algo contra alguien, para que también vuestro Padre que está en los cielos os perdone vuestras transgresiones.

Marcos 11:25 lbla

Así que, ¡cuídense! Si tu hermano peca, repréndelo; y si se arrepiente, perdónalo. Aun si peca contra ti siete veces en un día, y siete veces regresa a decirte "Me arrepiento" perdónalo.

Lucas 17:3–4 nvi

> *Para un cristiano es más fácil perdonar que resentirse. El perdón nos libra del enojo, del costo del odio y de dañar los espíritus.*
>
> Hannah More

Ahora deben perdonarlo y ayudarlo a sentirse bien, para que no vaya a enfermarse de tanta tristeza y remordimiento. Yo les ruego que le muestren nuevamente que lo aman.

2 Corintios 2:7–8 tla

Sean amables con todos. Piensen en las demás personas. Perdonen a todos, como Dios nos perdonó por medio de la muerte de Cristo.

Efesios 4:32 nueva vida

29

Amistad

Dios ofrece a su pueblo consejo en cuanto a sus amistades,
que son una parte importante de la vida espiritual.
Nuestras amistades y la forma en que tratamos a
nuestros amigos pueden decir mucho acerca de nuestra
fe. Es importante que seleccionemos sabiamente a
nuestros amigos y los tratemos como corresponde.

El justo sirve de guía a su prójimo; mas el camino de los impíos les hace errar.
PROVERBIOS 12:26 RVR1960

En todo tiempo ama el amigo, y el hermano nace para tiempo de angustia.
PROVERBIOS 17:17 LBLA

> *Si no damos a un amigo el beneficio de la duda sino que*
> *pensamos lo peor en vez de lo mejor sobre lo que dice o hace,*
> *entonces yo no sé nada sobre el amor del Calvario.*
> AMY CARMICHAEL

El que perdona la ofensa cultiva el amor; el que insiste en la ofensa divide a los amigos.
PROVERBIOS 17:9 NVI

Nunca les falles a los amigos, sean tuyos o de tu padre. Nunca lleves tus problemas a la casa de tu hermano. Más vale amigo cercano que pariente lejano.
PROVERBIOS 27:10 TLA

El hombre que tiene amigos ha de mostrarse amigo; y amigo hay más unido que un hermano.
PROVERBIOS 18:24 RVR1960

El ungüento y el perfume alegran el corazón, y dulce para su amigo es el consejo del hombre.
PROVERBIOS 27:9 LBLA

Más confiable es el amigo que hiere que el enemigo que besa.
PROVERBIOS 27:6 NVI

Si eres pobre ni tus amigos te buscan; si eres rico, todo el mundo es tu amigo.

PROVERBIOS 14:20 TLA

Usted puede confiar en que un hombre es bueno si sus amigos íntimos son todos buenos y si sus enemigos son decididamente malos.

JOHANN KASPAR LAVATER

No te entremetas con el iracundo, ni te acompañes con el hombre de enojos.

PROVERBIOS 22:24 RVR1960

Yo les digo: usen bien las riquezas del mundo, las cuales a menudo se usan equivocadamente, de tal manera que cuando se acaben, los amigos puedan recibirlos en una casa que será eterna.

LUCAS 16:9 NUEVA VIDA

Algunas personas no son dignas de tenerlas como amigas; esa clase de personas que nos engañan y nos extravían. La amistad debería perfeccionar la fe, no destruirla.

Guárdese cada uno de su prójimo, y no confíe en ningún hermano; porque todo hermano obra con engaño, y todo prójimo anda calumniando. Cada uno engaña a su prójimo, y no habla la verdad, han enseñado sus lenguas a hablar mentiras; se afanan por cometer iniquidad.

JEREMÍAS 9:4–5 LBLA

¡Oh gente adúltera! ¿No saben que la amistad con el mundo es enemistad con Dios? Si alguien quiere ser amigo del mundo se vuelve enemigo de Dios.

SANTIAGO 4:4 NVI

La mejor manera de ayudar al mundo es comenzar a amarnos
unos a otros, no con un amor insípido y obcecado sino realista,
con entendimiento y templanza y espíritu perdonador.
MADELEINE L'ENGLE

Y esto es lo que les mando: que se amen unos a otros, así como
yo los amo a ustedes. Nadie muestra más amor que quien da la
vida por sus amigos. Ustedes son mis amigos, si hacen lo que les
mando.
JUAN 15:12–14 TLA

Ya no los llamaré mis obreros, porque un obrero no sabe lo que
está haciendo su patrón. Los llamaré mis amigos, porque les he
dicho todo lo que he oído de mi Padre.
JUAN 15:15 NUEVA VIDA

Amigo es el que te empuja a estar más cerca de Dios.
ABRAHAM KUYPER

Compañero soy yo de todos los que te temen y guardan tus
mandamientos.
SALMOS 119:63 RVR1960

30
Dar

Aunque la creencia generalizada es que dar tiene que ver con dinero, Dios no piensa así. Él nos llama a vivir generosamente, dando no solo de nuestro dinero sino de nuestras cosas y, además, compartiendo nuestras vidas con otros. Sea que se trate de un perdón o de una buena cena no tenemos que dejar de dar a quienes están en necesidad.

Al que te pida, dale; y al que desee pedirte prestado no le vuelvas la espalda.

MATEO 5:42 LBLA

[Jesús dijo:] Si quieres ser perfecto, anda, vende lo que tienes y dáselo a los pobres, y tendrás tesoro en el cielo. Luego ven y sígueme.

MATEO 19:21 NVI

Cada uno con la ofrenda de su mano, conforme a la bendición que Jehová tu Dios te hubiere dado.

DEUTERONOMIO 16:17 RVR1960

> *La lección más obvia en la enseñanza de Jesús es que no hay felicidad en tener o conseguir cosas, sino solamente en dar.*
> HENRY DRUMMOND

El que ayuda al pobre siempre tendrá de todo; el que no ayuda al pobre terminará en la desgracia.

PROVERBIOS 28:27 TLA

El alma generosa será prosperada, y el que riega será también regado.

PROVERBIOS 11:25 LBLA

El que es generoso será bendecido, pues comparte su comida con los pobres.

PROVERBIOS 22:9 NVI

Echa tu pan sobre las aguas, que después de muchos días lo hallarás.

ECLESIASTÉS 11:1 LBLA

Cada uno dé como propuso en su corazón: no con tristeza, ni por necesidad, porque Dios ama al dador alegre. Y poderoso es Dios para hacer que abunde en vosotros toda gracia, a fin de que, teniendo siempre en todas las cosas todo lo suficiente, abundéis para toda buena obra; como está escrito: Repartió, dio a los pobres; Su justicia permanece para siempre.
2 CORINTIOS 9:7–9 RVR1960

Siempre que ayuda a los pobres, lo hace con generosidad; en todo sale triunfante, y levanta la cabeza con orgullo.
SALMOS 112:9 TLA

Dios nos ha dado dos manos, una para recibir y otra para dar. No somos cisternas hechas para acumular sino canales para dar.
BILLY GRAHAM

Les aseguro que cualquiera que le da un vaso de agua fría a uno de estos pequeñitos, porque me sigue a mí, tendrá su premio.
MATEO 10:42 NUEVA VIDA

No es necio quien da lo que no puede retener para ganar lo que no puede perder.
JIM ELLIOT

Den, y se les dará: se les echará en el regazo una medida llena, apretada, sacudida y desbordante. Porque con la medida que midan a otros, se les medirá a ustedes.
LUCAS 6:38 NVI

El que hurtaba, no hurte más, sino trabaje, haciendo con sus manos lo que es bueno, para que tenga qué compartir con el que padece necesidad.
EFESIOS 4:28 RVR1960

Después de la comida, Zaqueo se levantó y le dijo a Jesús:

—Señor, voy a dar a los pobres la mitad de todo lo que tengo.
Y si he robado algo, devolveré cuatro veces esa cantidad.

LUCAS 19:8 TLA

El mundo pregunta: ¿Cuánto das? Cristo pregunta: ¿Por qué das?

JOHN RALEIGH MOTT

Si doy todo lo que tengo para dar de comer a los pobres, y si
doy mi cuerpo para ser quemado, pero no tengo amor, de nada
me sirve.

1 CORINTIOS 13:3 NUEVA VIDA

¿Por qué el Mar Muerto está muerto? Porque no hace otra
cosa que recibir sin dar. ¿Por qué hay muchos cristianos fríos?
Porque siempre están recibiendo y nunca dando nada.

D. L. MOODY

Pero esto digo: El que siembra escasamente, escasamente
también segará; y el que siembra abundantemente,
abundantemente también segará.

2 CORINTIOS 9:6 LBLA

El que le suple semilla al que siembra también le suplirá pan para
que coma, aumentará los cultivos y hará que ustedes produzcan
una abundante cosecha de justicia. Ustedes serán enriquecidos
en todo sentido para que en toda ocasión puedan ser generosos,
y para que por medio de nosotros la generosidad de ustedes
resulte en acciones de gracias a Dios.

2 CORINTIOS 9:10–11 NVI

31

Amor de Dios

Cada página de su Palabra proclama el amor de Dios
hacia nosotros. Cuando la humanidad le dio la espalda,
nuestro Señor decidió llevar el pecado sobre Él en lugar
de aceptar la relación rota producida por el pecado. ¿Qué
más podía hacer para que nos volviéramos a encontrar?

Porque Dios amó tanto al mundo que dio a su único Hijo, para que quien confía en el Hijo de Dios no se pierda sino que tenga una vida que dura para siempre.

JUAN 3:16 NUEVA VIDA

La Cruz es la evidencia incuestionable de que no hay distancia que el amor de Dios rehuse cubrir para que nos reconciliemos con Él.

R. KENT HUGHES

Y el SEÑOR descendió en la nube y estuvo allí con él, mientras éste invocaba el nombre del SEÑOR. Entonces pasó el SEÑOR por delante de él y proclamó: El SEÑOR, el SEÑOR, Dios compasivo y clemente, lento para la ira y abundante en misericordia y verdad; el que guarda misericordia a millares, el que perdona la iniquidad, la transgresión y el pecado, y que no tendrá por inocente al culpable; el que castiga la iniquidad de los padres sobre los hijos y sobre los hijos de los hijos hasta la tercera y cuarta generación.

ÉXODO 34:5–7 LBLA

Reconoce, por tanto, que el SEÑOR tu Dios es el Dios verdadero, el Dios fiel, que cumple su pacto generación tras generación, y muestra su fiel amor a quienes lo aman y obedecen sus mandamientos.

DEUTERONOMIO 7:9 NVI

Alabemos al Dios de dioses. ¡Dios nunca deja de amarnos!

SALMOS 136:2 TLA

Jehová está en medio de ti, poderoso, él salvará; se gozará sobre ti con alegría, callará de amor, se regocijará sobre ti con cánticos.

SOFONÍAS 3:17 RVR1960

En ese día ustedes pedirán en mi nombre, y yo no le pediré al Padre por ustedes, porque el Padre mismo les ama. Él les ama porque ustedes me aman y creen que vengo del Padre.

JUAN 16:26–27 NUEVA VIDA

> *Nosotros insistimos en preguntar: «¿Quién soy yo para que el Señor me amara? En lugar de eso, deberíamos preguntar: «¿Quién eres tú, mi Dios, para que me amaras tanto?»*
>
> JOHN POWELL

Pero yo soy como olivo verde en la casa de Dios; en la misericordia de Dios confío eternamente y para siempre.

SALMOS 52:8 LBLA

> *La cruz es la vara relampagueante de gracia que pasa la ira de Dios a Cristo de tal manera que para los creyentes queda solo la luz de su amor.*
>
> A. W. TOZER

Y esta esperanza no nos defrauda, porque Dios ha derramado su amor en nuestro corazón por el Espíritu Santo que nos ha dado. A la verdad, como éramos incapaces de salvarnos, en el tiempo señalado Cristo murió por los malvados. Difícilmente habrá quien muera por un justo, aunque tal vez haya quien se atreva a morir por una persona Buena. Pero Dios demuestra su amor por nosotros en esto: en que cuando todavía éramos pecadores, Cristo murió por nosotros.

ROMANOS 5:5–8 NVI

Yo estoy seguro de que nada podrá separarnos del amor de Dios: ni la vida, ni la muerte, ni los ángeles, ni los espíritus, ni lo presente, ni lo futuro, ni los poderes del cielo, ni los del infierno, ni nada de lo creado por Dios. ¡Nada, absolutamente nada, podrá separarnos del amor que Dios nos ha mostrado por medio de nuestro Señor Jesucristo!

ROMANOS 8:38–39 TLA

En esto consiste el amor: no en que nosotros hayamos amado a Dios, sino en que él nos amó a nosotros, y envió a su Hijo en propiciación por nuestros pecados.
1 JUAN 4:10 RVR1960

Si comprendiéramos lo que Cristo ha hecho por nosotros seguramente nuestra forma de vivir sería digna de tan grande amor. Procuraríamos la santidad no para que Dios nos ame sino porque ya Él lo ha hecho.
PHILIP YANCEY

Hagan lo que Dios haría. Los hijos amados hacen lo que sus padres hacen. Vivan con amor, como Cristo nos amó y dio su vida por nosotros, como una ofrenda de olor agradable en el altar de Dios.
EFESIOS 5:1–2 NUEVA VIDA

Mirad cuán gran amor nos ha otorgado el Padre, para que seamos llamados hijos de Dios; y eso somos. Por esto el mundo no nos conoce, porque no le conoció a El.
1 JUAN 3:1 LBLA

Cuando Dios llama a alguien, no se arrepiente de haberlo hecho. A diferencia de muchas personas, Dios no ama un día y deja de amar al siguiente... Los actos de gracia no pueden revertirse. Dios ha borrado los pecados de su pueblo pero no sus nombres.
THOMAS WATSON

Nadie ha visto jamás a Dios, pero si nos amamos los unos a los otros, Dios permanece entre nosotros, y entre nosotros su amor se ha manifestado plenamente.
1 JUAN 4:12 NVI

Por eso sabemos y creemos que Dios nos ama. Dios es amor, y cualquiera que ama a sus hermanos está íntimamente unido a Dios.
1 JUAN 4:16 TLA

32

La voluntad de Dios

Conocer la voluntad de Dios no es simplemente memorizar algunos versículos de la Biblia sino aprender y vivir en su Palabra. Los versículos seleccionados aquí son solo un punto de partida para entender cómo Dios quiere que vivamos.

No tendrás otros dioses delante de mí.
ÉXODO 20:3 LBLA

Ama al SEÑOR tu Dios con todo tu corazón y con toda tu alma y con todas tus fuerzas.
DEUTERONOMIO 6:5 NVI

Permaneced en mí, y yo en vosotros. Como el pámpano no puede llevar fruto por sí mismo, si no permanece en la vid, así tampoco vosotros, si no permanecéis en mí. Yo soy la vid, vosotros los pámpanos; el que permanece en mí, y yo en él, éste lleva mucho fruto; porque separados de mí nada podéis hacer.
JUAN 15:4-5 RVR1960

Por la sangre de Cristo, somos comprados y hechos libres del castigo del pecado. Por su sangre, nuestros pecados son perdonados, según su gran favor hacia nosotros. Fue bueno con nosotros. Nos trató con sabiduría y entendimiento. Dios nos dio el secreto de lo que él quiso hacer y es esto: con pensamiento amoroso planeó, hace mucho tiempo, enviar a Cristo al mundo. El plan fue de reunirnos en Cristo a todos juntos a un mismo tiempo. Si estamos en el cielo o si todavía en la tierra, nos juntará a todos, y él será el principal sobre todas las cosas.
EFESIOS 1:7–10 NUEVA VIDA

> *La voluntad de Dios se descubre mediante la aplicación*
> *cuidadosa de la Escritura a nuestras propias vidas.*
> SINCLAIR FERGUSON

Pon toda tu confianza en Dios y no en lo mucho que sabes.
PROVERBIOS 3:5 TLA

Así que, amados míos, tal como siempre habéis obedecido, no sólo en mi presencia, sino ahora mucho más en mi ausencia, ocupaos en vuestra salvación con temor y temblor; porque Dios es quien obra en vosotros tanto el querer como el hacer, para su beneplácito.
FILIPENSES 2:12–13 LBLA

> *Permanecer en Jesús, quien no hizo pecado, es rendirle el yo*
> *y habitar en la voluntad de Dios descansando en su fuerza.*
> *Esto es lo que trae el poder para no cometer pecado.*
> ANDREW MURRAY

No se amolden al mundo actual, sino sean transformados mediante la renovación de su mente. Así podrán comprobar cuál es la voluntad de Dios, buena, agradable y perfecta.
ROMANOS 12:2 NVI

Mirad, pues, con diligencia cómo andéis, no como necios sino como sabios, aprovechando bien el tiempo, porque los días son malos. Por tanto, no seáis insensatos, sino entendidos de cuál sea la voluntad del Señor. No os embriaguéis con vino, en lo cual hay disolución; antes bien sed llenos del Espíritu.
EFESIOS 5:15–18 RVR1960

> *Practica mucha oración y tu camino será llano.*
> JOHN WESLEY

Ante todo, te pido que ores mucho por todos los hombres y que des gracias por ellos. Por los reyes y por todos los que tienen autoridad sobre nosotros, para que podamos llevar vidas tranquilas y en paz, sirviendo al Señor. Esto es bueno y agradable a Dios nuestro Salvador. Él quiere que todos los hombres sean salvos del castigo del pecado y que lleguen a conocer la verdad.
1 TIMOTEO 2:1–4 NUEVA VIDA

Debemos saber que como hijos suyos Él va a permitir los problemas aun cuando estemos en el centro de su voluntad.

SANDY EDMONSON

Deja en manos de Dios todo lo que haces, y tus proyectos se harán realidad.
PROVERBIOS 16:3 TLA

Sed afectuosos unos con otros con amor fraternal; con honra, daos preferencia unos a otros; no seáis perezosos en lo que requiere diligencia; fervientes en espíritu, sirviendo al Señor, gozándoos en la esperanza, perseverando en el sufrimiento, dedicados a la oración.
ROMANOS 12:10–12 LBLA

La voluntad de Dios es que sean santificados; que se aparten de la inmoralidad sexual.
1 TESALONICENSES 4:3 NVI

Y si alguno de vosotros tiene falta de sabiduría, pídala a Dios, el cual da a todos abundantemente y sin reproche, y le será dada.
SANTIAGO 1:5 RVR1960

Dios quiere esto. Cuando ustedes hacen el bien, hacen callar a los tontos que dicen cosas malas.
1 PEDRO 2:15 NUEVA VIDA

33

Palabra de Dios

Sin la Palabra de Dios ¿cómo podríamos conocer a Dios?
Por eso es que es importante que sepamos lo que nos dice.
Esa Palabra nos ayuda a conocer a Jesús, a quien la Biblia
llama también la Palabra. Mediante la Palabra escrita y su
Hijo, Dios nos ha mostrado el camino para llegar a Él.

Esa gente no quiere darse cuenta de que, hace mucho tiempo, Dios creó los cielos y la tierra. Con sólo dar una orden, Dios separó la tierra de los mares. También usó el agua del diluvio para destruir al mundo de esa época.

2 PEDRO 3:5–6 TLA

Con mucha frecuencia consideramos a la Biblia como nuestro libro guía para el vivir diario. Por supuesto, así tiene que ser porque, además, eso es bíblico. Sin embargo, esta colección de libros al que llamamos la Santa Biblia es mucho más que un libro de ayuda. El propósito divino de este libro es que nos da a conocer al Unigénito.

RANDY HUNT

En el principio existía el Verbo, y el Verbo estaba con Dios, y el Verbo era Dios. El estaba en el principio con Dios.

JUAN 1:1–2 LBLA

Y el Verbo se hizo hombre y habitó entre nosotros. Y hemos contemplado su gloria, la gloria que corresponde al Hijo unigénito del Padre, lleno de gracia y de verdad.

JUAN 1:14 NVI

El cual, siendo el resplandor de su gloria, y la imagen misma de su sustancia, y quien sustenta todas las cosas con la palabra de su poder, habiendo efectuado la purificación de nuestros pecados por medio de sí mismo, se sentó a la diestra de la Majestad en las alturas.

HEBREOS 1:3 RVR1960

Dios es digno de confianza; Dios ama lo que es justo y recto. Por todas partes se pueden ver sus grandes actos de bondad.

SALMOS 33:4–5 TLA

Para siempre, oh SEÑOR, tu palabra está firme en los cielos.

SALMOS 119:89 LBLA

Las sagradas escrituras dicen que ríos de agua viva correrán del corazón de aquel que cree en él.

Juan 7:38 Nueva Vida

La Biblia no se puede entender simplemente por estudiarla o por tener talento; es necesario contar con la influencia del Espíritu Santo.

Martin Lutero

Ante todo, tengan muy presente que ninguna profecía de la Escritura surge de la interpretación particular de nadie. Porque la profecía no ha tenido su origen en la voluntad humana, sino que los profetas hablaron de parte de Dios, impulsados por el Espíritu Santo.

2 Pedro 1:20–21 NVI

La Biblia es una ventana en esta prisión de esperanza a través de la cual podemos ver la eternidad.

John Sullivan Dwight

Por lo cual, desechando toda inmundicia y abundancia de malicia, recibid con mansedumbre la palabra implantada, la cual puede salvar vuestras almas. Pero sed hacedores de la palabra, y no tan solamente oidores, engañándoos a vosotros mismos. Porque si alguno es oidor de la palabra pero no hacedor de ella, éste es semejante al hombre que considera en un espejo su rostro natural.

Santiago 1:21–23 RVR1960

A ustedes los mayores, les escribo porque conocen a Jesús, quien ya existía antes de que Dios creara el mundo. A ustedes los jóvenes, les escribo también porque han sido valientes, han derrotado al diablo, y han aceptado con sinceridad el mensaje de Dios. Les he escrito a todos ustedes porque han conocido al Padre.

1 Juan 2:13–14 TLA

Cuidado con razonar acerca de la Palabra de Dios. Obedécela.
OSWALD CHAMBERS

Cualquiera que dice: "Yo conozco a Dios", pero no obedece sus enseñanzas, es mentiroso. No hay verdad en él. Pero cualquiera que obedece su palabra y hace lo que él dice, el amor de Dios se ha hecho perfecto en él. Esta es la manera de saber si eres de Cristo. Todo el que dice que es de Cristo, debe vivir de la misma manera que Cristo vivió.
1 JUAN 2:4–6 NUEVA VIDA

Por eso, cuando resucitó de los muertos, sus discípulos se acordaron de que había dicho esto; y creyeron en la Escritura y en la palabra que Jesús había hablado.
JUAN 2:22 LBLA

¿Defender la Biblia? Sería como defender a un león. Déjala libre. Ella se defiende sola.
C. H. SPURGEON

Pero la Escritura declara que todo el mundo es prisionero del pecado, para que mediante la fe en Jesucristo lo prometido se les conceda a los que creen.
GÁLATAS 3:22 NVI

Toda la Escritura es inspirada por Dios, y útil para enseñar, para redargüir, para corregir, para instruir en justicia, a fin de que el hombre de Dios sea perfecto, enteramente preparado para toda buena obra.
2 TIMOTEO 3:16–17 RVR1960

Tu palabra es una lámpara que alumbra mi camino.
SALMOS 119:105 TLA

34
Gracia

Dios nos ha dado un favor inmerecido, o una
gracia inmerecida. Cuando no pudimos salvarnos a
nosotros mismos, Él lo hizo por nosotros, a través
de su Hijo. Cuando reconocemos nuestra necesidad
de gracia y agradecemos su obra en nosotros, Dios
derrama sus bendiciones en nuestras vidas.

Y el Verbo se hizo carne, y habitó entre nosotros, y vimos su gloria, gloria como del unigénito del Padre, lleno de gracia y de verdad.
JUAN 1:14 LBLA

> *Gracia es todo lo opuesto a mérito… Gracia no solamente es un favor inmerecido sino que es un favor extendido a quien era merecedor de todo lo opuesto.*
> HARRY IRONSIDE

En él tenemos la redención mediante su sangre, el perdón de nuestros pecados, conforme a las riquezas de la gracia que Dios nos dio en abundancia con toda sabiduría y entendimiento.
EFESIOS 1:7–8 NVI

Porque por gracia sois salvos por medio de la fe; y esto no de vosotros, pues es don de Dios.
EFESIOS 2:8 RVR1960

Dios nos dio a conocer sus leyes por medio de Moisés, pero por medio de Jesucristo nos hizo conocer el amor y la verdad. Nadie ha visto a Dios jamás; pero el Hijo único, que está más cerca del Padre y que es Dios mismo, nos ha enseñado cómo es Dios. Gracias a lo que el Hijo de Dios es, hemos recibido muchas bendiciones.
JUAN 1:16–18 TLA

> *La Ley me dice lo torcido que soy; la Gracia viene y me endereza.*
> DWIGHT L. MOODY

Hubo mucho pecado cuando se dio la ley judía; pero donde hubo mucho pecado, hubo mucho más del gran favor de Dios. El pecado tenía un poder que terminaba en la muerte. Ahora, el favor de Dios tiene poder para que los hombres tengan paz con él y tengan la vida que dura para siempre. Nuestro Señor Jesucristo hizo esto por nosotros.
ROMANOS 5:20–21 NUEVA VIDA

Porque si por la transgresión de uno, por éste reinó la muerte, mucho más reinarán en vida por medio de uno, Jesucristo, los que reciben la abundancia de la gracia y del don de la justicia.
ROMANOS 5:17 LBLA

Pues todos han pecado y están privados de la gloria de Dios, pero por su gracia son justificados gratuitamente mediante la redención que Cristo Jesús efectuó.
ROMANOS 3:23–24 NVI

> *Crecer en gracia es saber lo que ella es. Gustar y ver que el Señor es bueno (véase 1 Pedro 2.2).*
> SINCLAIR B. FERGUSON

Pero el don no fue como la transgresión; porque si por la transgresión de aquel uno murieron los muchos, abundaron mucho más para los muchos la gracia y el don de Dios por la gracia de un hombre, Jesucristo.
ROMANOS 5:15 RVR1960

Dios bendice el hogar del hombre honrado, pero maldice la casa del malvado. Dios se burla de los burlones, pero brinda su ayuda a los humildes.
PROVERBIOS 3:33–34 TLA

Aunque se le muestre piedad al impío, no aprende justicia; obra injustamente en tierra de rectitud, y no ve la majestad del SEÑOR.
ISAÍAS 26:10 LBLA

Los que siguen a ídolos vanos abandonan el amor de Dios.
JONÁS 2:8 NVI

Y derramaré sobre la casa de David, y sobre los moradores
de Jerusalén, espíritu de gracia y de oración; y mirarán a mí, a
quien traspasaron, y llorarán como se llora por hijo unigénito,
afligiéndose por él como quien se aflige por el primogénito.
ZACARÍAS 12:10 RVR1960

La gracia divina nunca se ha atrasado.
GEORGE HERBERT

Dios puede darles todo lo que necesiten, y ustedes tendrán
suficiente para dar cuando sea necesario.
2 CORINTIOS 9:8 NUEVA VIDA

Porque el pecado no tendrá dominio sobre vosotros, pues no
estáis bajo la ley sino bajo la gracia.
ROMANOS 6:14 LBLA

Pero ustedes, así como sobresalen en todo —en fe, en palabras,
en conocimiento, en dedicación y en su amor hacia nosotros—,
procuren también sobresalir en esta gracia de dar.
2 CORINTIOS 8:7 NVI

Gracia no es una licencia para pecar sino para
andar en humildad a los ojos de Dios.
CURT MCCOMIS

Sea vuestra palabra siempre con gracia, sazonada con sal, para
que sepáis cómo debéis responder a cada uno.
COLOSENSES 4:6 RVR1960

35

Sanidad

Trátese de nuestros cuerpos o de nuestros espíritus,
todos necesitamos un toque sanador de Dios.
Y Dios está siempre dispuesto a concedérnoslo.
Piensa en la frecuencia con que Jesús sanó durante su
ministerio y no solo cuerpos enfermos sino también
almas que habían sido seriamente dañadas.
Cuando Dios decide no sanar nuestros cuerpos, Él
tiene una lección para nuestras almas. Quizás eso sea
lo que está sanando cuando sufrimos físicamente.

Ved ahora que yo, yo soy el Señor, y fuera de mí no hay dios. Yo hago morir y hago vivir. Yo hiero y yo sano, y no hay quien pueda librar de mi mano.

DEUTERONOMIO 32:39 LBLA

¡Con todas las fuerzas de mi ser lo alabaré y recordaré todas sus bondades! Mi Dios me perdonó todo el mal que he hecho; me devolvió la salud, me libró de la muerte, ¡me llenó de amor y de ternura!

SALMOS 103:2–4 TLA

Él cargó nuestros pecados en su propio cuerpo cuando murió en la cruz, para que haciendo esto podamos morir al pecado y vivir ante todos lo que es recto y bueno. Ustedes han sido sanados por las heridas de Cristo.

1 PEDRO 2:24 NUEVA VIDA

La sanidad emocional casi siempre es un proceso. Toma tiempo. Y hay una razón muy importante para que sea así. Nuestro Padre celestial no solo quiere liberarnos del dolor por heridas pasadas sino que también desea llevarnos a la madurez tanto espiritual como emocional.

FLOYD MCCLUNG

El SEÑOR. . .sana a los quebrantados de corazón,
y venda sus heridas.

SALMOS 147: 2–3 LBLA

Cristo es el Buen Médico. No hay enfermedad que él no pueda curar ni pecado que no pueda remover, ni problema en el que no nos pueda ayudar.

JAMES H. AUGHEY

Jesús recorría toda Galilea, enseñando en las sinagogas, anunciando las buenas nuevas del reino, y sanando toda enfermedad y dolencia entre la gente.

MATEO 4:23 NVI

Y cuando llegó la noche, trajeron a él muchos endemoniados; y con la palabra echó fuera a los demonios, y sanó a todos los enfermos.

MATEO 8:16 RVR1960

Aunque nuestra preocupación en el presente tiene que ver con el poder de sanidad, erramos si no logramos entender el milagro de la gracia de Dios al concedernos el poder necesario para resistir y ser pacientes.

ALISTAIR BEGG

En el camino, pasaron por donde estaba una mujer que desde hacía doce años tenía una enfermedad que le hacía perder mucha sangre. Al verlos pasar, ella pensó: "Si pudiera tocar el manto de Jesús, con sólo eso quedaría sana." Entonces se acercó a Jesús por detrás y tocó su manto. Jesús se dio vuelta, vio a la mujer y le dijo: "Ya no te preocupes, tu confianza en Dios te ha sanado." Y desde ese momento la mujer quedó sana.

MATEO 9:20–22 TLA

Jesús reprendió al espíritu malo, y éste salió del muchacho. En ese mismo momento fue sanado.

MATEO 17:18 NUEVA VIDA

Dios está tan dispuesto para sanar a los creyentes como lo está para perdonar a los incrédulos.

T. L. OSBORN

Cuando salieron de la barca, enseguida la gente reconoció a Jesús, y recorrieron apresuradamente toda aquella comarca, y comenzaron a traer a los enfermos en sus camillas adonde oían decir que El estaba. Y dondequiera que El entraba en aldeas, ciudades o campos, ponían a los enfermos en las plazas, y le rogaban que les permitiera tocar siquiera el borde de su manto; y todos los que lo tocaban quedaban curados.

MARCOS 6:54–56 LBLA

Allí encontró a un paralítico llamado Eneas, que llevaba ocho años en cama. «Eneas —le dijo Pedro—, Jesucristo te sana. Levántate y tiende tu cama.» Y al instante se levantó. Todos los que vivían en Lida y en Sarón lo vieron, y se convirtieron al Señor.
HECHOS 9:33–35 NVI

A otro, fe por el mismo Espíritu; y a otro, dones de sanidades por el mismo Espíritu.
1 CORINTIOS 12:9 RVR1960

La oración que se hace confiando en que Dios la oirá sanará al enfermo. El Señor lo levantará, y si tiene pecados le serán perdonados. Confiesen sus pecados unos a otros y pidan a Dios unos por otros, para que sean sanados. Pues la oración del hombre que está bien con Dios tiene mucho poder.
SANTIAGO 5:15–16 NUEVA VIDA

> *Mi preocupación número uno al predicar es*
> *quebrantar y sanar los corazones endurecidos.*
> JOHN NEWTON

Yo le he pedido a Dios: "Tenme compasión; devuélveme la salud, pues he pecado contra ti."
SALMOS 41:4 TLA

Sáname, oh SEÑOR, y seré sanado; sálvame y seré salvo, porque tú eres mi alabanza.
JEREMÍAS 17:14 LBLA

SEÑOR mi Dios, te pedí ayuda y me sanaste.
SALMOS 30:2 NVI

36

Espíritu Santo

El Espíritu Santo habita en nosotros como cristianos y nos capacita para vivir para Dios en un mundo pecaminoso. Con la dirección del Espíritu Santo, Dios nos manda en una misión celestial aquí en la tierra: compartir sus buenas nuevas con el mundo. Solo viviendo en el Espíritu podemos tener éxito en nuestra misión para el Señor.

Mas el Consolador, el Espíritu Santo, a quien el Padre enviará en mi nombre, él os enseñará todas las cosas, y os recordará todo lo que yo os he dicho.
JUAN 14:26 RVR1960

Jesús los volvió a saludar de la misma manera, y les dijo: "Como mi Padre me envió, así también yo los envío a ustedes." Luego sopló sobre ellos, y les dijo: "Reciban al Espíritu Santo. Si ustedes perdonan los pecados de alguien, Dios también se los perdonará. Y si no se los perdonan, Dios tampoco se los perdonará."
JUAN 20:21–23 TLA

Cualquiera que diga una mala palabra contra el Hijo del Hombre será perdonado, pero cualquiera que hable contra el Espíritu Santo no será perdonado, ni en este mundo ni en el otro.
MATEO 12:32 NUEVA VIDA

Jesús murió para traer sanidad a nuestra relación con Dios, pero el Espíritu Santo nos capacita para vivir para Él. Nuestra relación es con el Padre, el Hijo y el Espíritu Santo y, en nuestras vidas, cada uno actúa en consonancia con las otras Personas de la Trinidad.

Pues si vosotros siendo malos, sabéis dar buenas dádivas a vuestros hijos, ¿cuánto más vuestro Padre celestial dará el Espíritu Santo a los que se lo pidan?
LUCAS 11:13 LBLA

Por tanto, vayan y hagan discípulos de todas las naciones, bautizándolos en el nombre del Padre y del Hijo y del Espíritu Santo, enseñándoles a obedecer todo lo que les he mandado a ustedes. Y les aseguro que estaré con ustedes siempre, hasta el fin del mundo.
MATEO 28:19–20 NVI

Cuando os trajeren a las sinagogas, y ante los magistrados y las autoridades, no os preocupéis por cómo o qué habréis de responder, o qué habréis de decir; porque el Espíritu Santo os enseñará en la misma hora lo que debáis decir.

LUCAS 12:11–13 RVR1960

Fue así como el Espíritu Santo los llenó de poder a todos ellos, y enseguida empezaron a hablar en otros idiomas. Cada uno hablaba según lo que el Espíritu Santo le indicaba.

HECHOS 2:4 TLA

> *Sin el Espíritu de Dios no podemos hacer nada. Somos como veleros sin viento o como carros sin corceles. Como ramas sin savia, estamos secos. Como carbones sin fuego, somos inútiles. Como una ofrenda sin la llama sacrificial, somos inaceptables.*
>
> C. H. SPURGEON

Entonces, la iglesia estuvo en paz durante cierto tiempo, en todos los países de Judea, Galilea y Samaria, siendo fortalecida y consolada por el Espíritu Santo. Se añadían nuevos creyentes a la iglesia. La iglesia honraba al Señor.

HECHOS 9:31 NUEVA VIDA

Pero os he escrito con atrevimiento sobre algunas cosas, para así hacer que las recordéis otra vez, por la gracia que me fue dada por Dios, para ser ministro de Cristo Jesús a los gentiles, ministrando a manera de sacerdote el evangelio de Dios, a fin de que la ofrenda que hago de los gentiles sea aceptable, santificada por el Espíritu Santo.

ROMANOS 15:15–16 LBLA

> *Tratar de hacer el trabajo de Dios en nuestras propias fuerzas es lo más confuso, cansador y tedioso de todo. Pero cuando somos llenos del Espíritu Santo, entonces el ministerio de Jesús fluye libremente desde nosotros.*
>
> CORRIE TEN BOOM

Mientras ayunaban y participaban en el culto al Señor, el Espíritu Santo dijo: «Apártenme ahora a Bernabé y a Saulo para el trabajo al que los he llamado.»
HECHOS 13:2 NVI

Y atravesando Frigia y la provincia de Galacia, les fue prohibido por el Espíritu Santo hablar la palabra en Asia; y cuando llegaron a Misia, intentaron ir a Bitinia, pero el Espíritu no se lo permitió.
HECHOS 16:6–7 RVR1960

Cuando tenemos preguntas, tenemos asimismo el derecho de pedir al Espíritu Santo que nos guíe y esperar que lo haga amorosamente.
CURTIS HUTSON

La esperanza no deshonra, porque el amor de Dios ha entrado en nuestros corazones por el Espíritu Santo que nos es dado.
ROMANOS 5:5 NUEVA VIDA

No me apartes de ti; ¡no me quites tu santo espíritu!
SALMOS 51:11 TLA

¿O no sabéis que vuestro cuerpo es templo del Espíritu Santo, que está en vosotros, el cual tenéis de Dios, y que no sois vuestros? Pues por precio habéis sido comprados; por tanto, glorificad a Dios en vuestro cuerpo y en vuestro espíritu, los cuales son de Dios.
1 CORINTIOS 6:19–20 LBLA

En él también ustedes, cuando oyeron el mensaje de la verdad, el evangelio que les trajo la salvación, y lo creyeron, fueron marcados con el sello que es el Espíritu Santo prometido.
EFESIOS 1:13 NVI

No dejes que los obstáculos en el camino a la eternidad afecten tu confianza en las promesas de Dios. El Espíritu Santo es el sello de Dios de que llegarás.
DAVID JEREMIAH

37
Esperanza

Aunque a veces tengamos que enfrentar duras pruebas, el cristiano nunca vive sin esperanza. Nuestra confianza está en Dios quien nunca nos fallará.

He aquí, aunque él me matare, en él esperaré.
JOB 13:15 RVR1960

Tampoco dejes que pasen vergüenza los que en ti confían; ¡la vergüenza deben pasarla los que traicionan a otros!
SALMOS 25:3 TLA

> *«La tribulación produce paciencia; y la paciencia, experiencia; y la experiencia, esperanza». Éste es el orden. No se puede poner la paciencia y la experiencia entre paréntesis y, omitiéndolas, obtener esperanza de la tribulación.*
> ALEXANDER MACLAREN

Somos felices también por nuestras penas, sabiendo que ellas nos ayudan a no rendirnos. Cuando aprendemos a no rendirnos, mostramos que salimos bien en la prueba. Y cuando hemos salido bien en la prueba, tenemos esperanza. La esperanza no deshonra, porque el amor de Dios ha entrado en nuestros corazones por el Espíritu Santo que nos es dado.
ROMANOS 5:3–5 NUEVA VIDA

Guíame en tu verdad y enséñame, porque tú eres el Dios de mi salvación; en ti espero todo el día.
SALMOS 25:5 LBLA

> *En lo que al Señor concierne el tiempo de soportar es uno de los momentos más oscuros. Es cuando todo parece perdido, cuando pareciera que no hay salida, cuando solo Dios puede liberar.*
> DAVID WILKERSON

¿Por qué voy a inquietarme? ¿Por qué me voy a angustiar? En Dios pondré mi esperanza, y todavía lo alabaré. ¡Él es mi Salvador y mi Dios!
SALMOS 42:11 NVI

La esperanza que se demora es tormento del corazón; pero árbol de vida es el deseo cumplido.
PROVERBIOS 13:12 RVR1960

Sólo Dios me da tranquilidad; sólo él me da confianza.
SALMOS 62:5 TLA

Si tienes alguna esperanza, esta viene por la fe que hay en ti. La esperanza, quizás digas, es un capullo en la planta de la fe, un capullo con la raíz en la fe; la flor es gozo y paz.
GEORGE MACDONALD

Cuando muere el hombre impío, su esperanza se acaba, y la expectación de los poderosos perece.
PROVERBIOS 11:7 LBLA

Si insistimos en avanzar en nuestras propias fuerzas, vamos a desfallecer para terminar cayendo; pero si nuestros corazones y nuestras esperanzas están puestas en el cielo, podremos pasar por sobre todas las dificultades y llegar a conquistar el premio de nuestro llamado en Cristo Jesús.
MATTHEW HENRY

Aun los jóvenes se cansan, se fatigan, y los muchachos tropiezan y caen; pero los que confían en el SEÑOR renovarán sus fuerzas; volarán como las águilas: correrán y no se fatigarán, caminarán y no se cansarán.
ISAÍAS 40:30–31 NVI

David dijo lo siguiente sobre él: "Puedo ver al Señor delante de mí, siempre. Está a mi derecha, de modo que no necesito preocuparme. Estoy contento, y mi lengua está llena de alegría. Mi cuerpo reposa con esperanza. No dejarás mi alma morir, ni permitirás que tu Santo sea destruido."
HECHOS 2:25–27 NUEVA VIDA

Quien vive en esperanza danza sin necesidad de música.
GEORGE HERBERT

El creyó en esperanza contra esperanza, para llegar a ser padre de muchas gentes, conforme a lo que se le había dicho: Así será tu descendencia.
ROMANOS 4:18 RVR1960

Nos alegra saber que por confiar en Jesucristo, ahora podemos disfrutar del amor de Dios y un día compartiremos con él toda su grandeza. Pero también nos alegra tener que sufrir, porque sabemos que así aprenderemos a soportar el sufrimiento. Y si aprendemos a soportarlo, seremos aprobados por Dios. Y si él nos aprueba podremos estar seguros de nuestra salvación. De eso estamos seguros: Dios cumplirá su promesa, porque él nos ha llenado el corazón con su amor, por medio del Espíritu Santo que nos ha dado.
ROMANOS 5:2–5 TLA

También nosotros lloramos por dentro, los que hemos recibido el Espíritu Santo. El Espíritu Santo es el primer regalo de Dios para nosotros. Esperamos el convertirnos por completo en sus hijos, cuando nuestros cuerpos sean librados. Fuimos salvados con esta esperanza ante nosotros. Esperanza quiere decir que estamos esperando algo que no tenemos. Porque, ¿cómo puede alguien estar esperando algo que ya tiene? Pero si esperamos algo que todavía no vemos, debemos aprender a esperar.
ROMANOS 8:23–25 NUEVA VIDA

Gozándoos en la esperanza, perseverando en el sufrimiento, dedicados a la oración.
ROMANOS 12:12 LBLA

A los ricos de este mundo, mándales que no sean arrogantes ni pongan su esperanza en las riquezas, que son tan inseguras, sino en Dios, que nos provee de todo en abundancia para que lo disfrutemos.
1 TIMOTEO 6:17 NVI

38

Esterilidad

La Escritura promete bendecir a quien obedece la Palabra de Dios, pero también nos habla de una cantidad de mujeres que fueron estériles pero que finalmente tuvieron hijos. Sea que una mujer tenga hijos o no pueda concebir, Dios puede bendecirla.

Y sucederá que porque escuchas estos juicios y los guardas y los pones por obra, el Señor tu Dios guardará su pacto contigo y su misericordia que juró a tus padres. Y te amará, te bendecirá y te multiplicará; también bendecirá el fruto de tu vientre y el fruto de tu tierra, tu cereal, tu mosto, tu aceite, el aumento de tu ganado y las crías de tu rebaño en la tierra que Él juró a tus padres que te daría. Bendito serás más que todos los pueblos; no habrá varón ni hembra estéril en ti, ni en tu ganado.

Deuteronomio 7:12–14 LBLA

> *Vivir en un tiempo cuando la familia está bajo ataque, el verdadero peligro es idolatrar a la familia. Oímos decir que «la familia es primero» y podemos sentirnos tentados a decir: «Amén». Pero Jesús no lo dirá porque cuando la familia es primero, Dios pasa a ser el segundo violín.*
>
> Wynn Kenyon

Adora al Señor tu Dios, y él bendecirá tu pan y tu agua. Yo apartaré de ustedes toda enfermedad. En tu país ninguna mujer abortará ni será estéril. ¡Yo te concederé larga vida!

Éxodo 23:25–26 NVI

Mas Sarai era estéril, y no tenía hijo.

Génesis 11:30 RVR1960

Y Sara concibió y dio a luz un hijo a Abraham en su vejez, en el tiempo señalado que Dios le había dicho.

Génesis 21:2 LBLA

Isaac oró al Señor en favor de su esposa, porque era estéril. El Señor oyó su oración, y ella quedó embarazada.

Génesis 25:21 NVI

Debemos aprender a ver nuestras circunstancias a través del amor
de Dios y no el amor de Dios a través de nuestras circunstancias.

DESCONOCIDO

Y vio Jehová que Lea era menospreciada, y le dio hijos; pero
Raquel era estéril.
GÉNESIS 29:31 RVR1960

Entonces Dios se acordó de Raquel; y Dios la escuchó y le
concedió hijos. Y ella concibió y dio a luz un hijo, y dijo: Dios ha
quitado mi afrenta. Y le puso por nombre José, diciendo: Que el
SEÑOR me añada otro hijo.
GÉNESIS 30:22–24 LBLA

Cierto hombre de Zora, llamado Manoa, de la tribu de Dan, tenía
una esposa que no le había dado hijos porque era estéril. Pero
el ángel del SEÑOR se le apareció a ella y le dijo: «Eres estéril y no
tienes hijos, pero vas a concebir y tendrás un hijo.»
JUECES 13:2–3 NVI

A la mujer que no tiene hijos, le concede dos alegrías: ¡llegar a
ser madre, y tener un hogar! ¡Alabemos a nuestro Dios!
SALMOS 113:9 TLA

Ellos estaban bien con Dios. Obedecían la ley judía y hacían lo
que el Señor les mandaba. No tenían niños, porque Elisabet no
podía tener hijos. Los dos eran personas ya ancianas.
LUCAS 1:6–7 NUEVA VIDA

Tu prima Isabel, aunque ya es muy vieja, también va a tener un
hijo. La gente pensaba que ella nunca podría tener hijos, pero
hace ya seis meses que está embarazada. Eso demuestra que
para Dios todo es posible.
LUCAS 1:36–37 TLA

*Algunas parejas que desearian tener hijos nunca los
tienen. Eso no significa que Dios los esté castigando. Él
simplemente tiene otros planes para sus vidas.*

Sabemos que Dios hace que todas las cosas sean para bien a los
que le aman y han sido escogidos para formar parte de su plan.
ROMANOS 8:28 NUEVA VIDA

*Consuela saber que nada hará daño a la persona piadosa; pero
tener la seguridad que todas las cosas cooperarán para su bien, que
sus cruces se convertirán en bendiciones, que las lluvias de aguas de
aflicción regarán las raíces de su gracia y harán que florezca mucho
más; esto puede llenar sus corazones de gozo hasta que sobreabunde.*

THOMAS WATSON

39

Integridad

Así como la fe no es algo simplemente externo, la integridad revela lo que una persona es desde adentro. Lo que de verdad creemos interiormente se verá en nuestros pensamientos y acciones. Pero todos los esfuerzos que hagamos para ser íntegros no nos harán ganar el favor de Dios. A veces, como el pueblo de Israel que estaba por entrar en la Tierra Prometida, Él simplemente derrama su favor en nosotros, a pesar de nuestros fracasos.

Sabiendo yo, Dios mío, que tú pruebas el corazón y te deleitas
en la rectitud.
1 Crónicas 29:17 LBLA

¡El Señor juzgará a los pueblos! Júzgame, Señor, conforme a mi
justicia; págame conforme a mi inocencia.
Salmos 7:8 NVI

> *Deje que sus palabras sean el reflejo exacto de su corazón.*
> John Wesley

La justicia guarda al de perfecto camino; mas la impiedad
trastornará al pecador.
Proverbios 13:6 RVR1960

En ti he puesto mi confianza. Mi honradez y mi inocencia me
harán salir victorioso.
Salmos 25:21 TLA

> *Integridad es mantenerse fiel a un compromiso aun*
> *después que las circunstancias han cambiado.*
> David Jeremiah

Y el Señor dijo a Satanás: ¿Te has fijado en mi siervo Job? Porque
no hay otro como él sobre la tierra, hombre intachable, recto,
temeroso de Dios y apartado del mal. Y él todavía conserva su
integridad, aunque tú me incitaste contra él para que lo arruinara
sin causa.
Job 2:3 LBLA

A los justos los guía su integridad; a los falsos los destruye su
hipocresía.
Proverbios 11:3 NVI

No por tu justicia, ni por la rectitud de tu corazón entras a poseer la tierra de ellos, sino por la impiedad de estas naciones Jehová tu Dios las arroja de delante de ti, y para confirmar la palabra que Jehová juró a tus padres Abraham, Isaac y Jacob. Por tanto, sabe que no es por tu justicia que Jehová tu Dios te da esta buena tierra para tomarla; porque pueblo duro de cerviz eres tú.
DEUTERONOMIO 9:5–6 RVR1960

Los asesinos desean la muerte de la gente buena y honrada.
PROVERBIOS 29:10 TLA

> *La integridad caracteriza a la persona entera, no solo a parte de ella. Se es justo y honesto o no se es. Y no solo interiormente sino a través de lo que se hace y dice.*
> R. KENT HUGHES

Muéstrate en todo como ejemplo de buenas obras, con pureza de doctrina, con dignidad, con palabra sana e irreprochable, a fin de que el adversario se avergüence al no tener nada malo que decir de nosotros.
TITO 2:7–8 LBLA

En cuanto a ti, si me sigues con integridad y rectitud de corazón, como lo hizo tu padre David, y me obedeces en todo lo que yo te ordene y cumples mis decretos y leyes, yo afirmaré para siempre tu trono en el reino de Israel, como le prometí a tu padre David cuando le dije: "Nunca te faltará un descendiente en el trono de Israel."
1 REYES 9:4–5 NVI

> *Es tan difícil mantener un entendimiento sano, una conciencia tierna, un espíritu animoso, generoso y celestial, y una vida recta en medio de la rivalidad como mantener su candela alumbrando en las grandes tormentas.*
> RICHARD BAXTER

En esto conoceré que te he agradado, que mi enemigo no se huelgue de mí. En cuanto a mí, en mi integridad me has sustentado, y me has hecho estar delante de ti para siempre. Bendito sea Jehová, el Dios de Israel, por los siglos de los siglos.

SALMOS 41:11–13 RVR1960

40

Gozo

El gozo es clave en la vida cristiana porque conocer a Dios trae seguridad y deleite en el Salvador. Nadie puede experimentar tal gozo sin una relación íntima con Él.

Gloria y majestad están delante de El; poder y alegría en su morada.
1 CRÓNICAS 16:27 LBLA

De pronto, un ángel de Dios se les apareció, y la gloria de Dios brilló alrededor de ellos. Los pastores se asustaron mucho, pero el ángel les dijo: "No tengan miedo. Les traigo una buena noticia que los dejará muy contentos: ¡Su Salvador acaba de nacer en Belén! ¡Es el Mesías, el Señor!
LUCAS 2:9–11 TLA

Sé feliz, realmente feliz. La vida de un auténtico cristiano debería ser un júbilo perpetuo, un preludio de las festividades de la eternidad.
THEOPHANE VENARD

Estén siempre llenos de gozo, porque el Señor es su dueño. Les repito: ¡Estén siempre llenos de gozo!
FILIPENSES 4:4 NUEVA VIDA

Me has dado a conocer la senda de la vida; me llenarás de alegría en tu presencia, y de dicha eterna a tu derecha.
SALMOS 16:11 NVI

El cristiano completo es un cristiano gozoso. El medio cristiano es la clase de cristiano que una gran mayoría de ustedes son: poco familiarizados con el Señor. ¿Por qué vivir una vida a medias y complicada cuando si ascendemos a lo más alto y andamos en la luz de su faz podemos tener un cielo sin nubes y un sol radiante sobre nuestras cabezas?
ALEXANDER MACLAREN

Jehová es mi fortaleza y mi escudo; en él confió mi corazón, y fui ayudado, por lo que se gozó mi corazón, y con mi cántico le alabaré.
SALMOS 28:7 RVR1960

Tú cambiaste mi tristeza y la convertiste en baile. Me quitaste la ropa de luto y me pusiste ropa de fiesta, para que te cante himnos y alabe tu poder. Mi Señor y Dios, no puedo quedarme callado; por eso siempre te alabaré.
SALMOS 30:11–12 TLA

Sácianos por la mañana con tu misericordia, y cantaremos con gozo y nos alegraremos todos nuestros días.
SALMOS 90:14 LBLA

Cuando en mí la angustia iba en aumento, tu consuelo llenaba mi alma de alegría.
SALMOS 94:19 NVI

> *Hablar neciamente y chanceando no es la manera en la que el cristiano debería expresar su alegría sino «dando gracias» (Efesios 5.4). La religión es fuente de gozo y complacencia pero este gozo debe expresarse en una forma religiosa, en agradecimiento y alabanza.*
> CHARLES HODGE

Servid a Jehová con alegría; venid ante su presencia con regocijo.
SALMOS 100:2 RVR1960

A los justos les espera la felicidad; a los malvados, la ruina.
PROVERBIOS 10:28 TLA

La luz de los ojos alegra el corazón, y las buenas noticias fortalecen los huesos.
PROVERBIOS 15:30 LBLA

Si obedecen mis enseñanzas vivirán en mi amor. De esta manera, yo he obedecido las enseñanzas de mi Padre y vivo en su amor. Les he dicho estas cosas para que así mi gozo esté en ustedes y para que su gozo sea completo.
JUAN 15:10–11 NUEVA VIDA

Hasta [el Padre] ahora no han pedido nada en mi nombre.
Pidan y recibirán, para que su alegría sea completa.
JUAN 16:24 NVI

> *Gozo no es, necesariamente, la ausencia de*
> *sufrimiento sino que es la presencia de Dios.*
> SAM STORMS

En cambio, el Espíritu de Dios nos hace amar a los demás, estar
siempre alegres y vivir en paz con todos. Nos hace ser pacientes
y amables, y tratar bien a los demás, tener confianza en Dios.
GÁLATAS 5:22 TLA

> *Yo creo que Dios, a través de su Espíritu, nos concede amor,*
> *gozo y paz sin importar lo que esté ocurriendo en nuestras*
> *vidas. Como cristianos, no deberíamos esperar que nuestro*
> *gozo siempre se sienta como felicidad, sino reconocerlo como*
> *una seguridad interior de nuestra vida con Cristo.*
> JILL BRISCOE

Mis hermanos en Cristo, deben estar felices cuando les lleguen
toda clase de pruebas. Sepan, pues, que esto probará su
confianza. Les ayudará a no darse por vencidos.
SANTIAGO 1:2–3 NUEVA VIDA

Resuene el mar, y su plenitud; alégrese el campo, y todo lo que
contiene. Entonces cantarán los árboles de los bosques delante
de Jehová, porque viene a juzgar la tierra. Aclamad a Jehová,
porque él es bueno; porque su misericordia es eterna.
1 CRÓNICAS 16:32–34 RVR1960

41

Justicia

Dios ama la justicia y espera que su pueblo también
lo haga. Sin ella, los líderes y las legislaturas
gobernarán deficientemente y los individuos vivirán
vidas confusas que nunca lo podrán agradar a Él.
La cruz nos enseña de justicia porque a través de
ella, el Padre demandó justicia por los pecados del
mundo. Jesús recibió el castigo por nuestros pecados
para hacer de nosotros personas justificadas ante
nuestro Padre amante quien, sin ignorar el pecado,
habría de desear continuar una relación de amistad
con su pueblo. Así como hemos sido favorecidos con
la justicia de Dios, debemos traspasarla a otros.

A quien Dios exhibió públicamente como propiciación por su sangre a través de la fe, como demostración de su justicia, porque en su tolerancia, Dios pasó por alto los pecados cometidos anteriormente, para demostrar en este tiempo su justicia, a fin de que Él sea justo y sea el que justifica al que tiene fe en Jesús.
ROMANOS 3:25–26 LBLA

Tenemos mucho de qué gloriarnos en la cruz de Cristo por la cual Dios ha satisfecho su amor y su justicia, su misericordia y su santidad y la ha proyectado al mundo para salvar a todos los que confían en Él.
MARK DEVER

Juzgará al mundo con justicia; gobernará a los pueblos con equidad.
SALMOS 9:8 NVI

Tus decisiones son justas; son firmes como las montañas y profundas como el mar. ¡Hombres y animales están bajo tu cuidado!
SALMOS 36:6 TLA

Cuando la justicia se divorcia de la moralidad, cuando los derechos de las personas se separan de lo correcto y lo incorrecto, lo único que queda para la justicia es el derecho del individuo de actuar como le plazca. Y el final de este camino es la anarquía y la barbarie.
JOHN PIPER

Y vino palabra de Jehová a Zacarías, diciendo: Así habló Jehová de los ejércitos, diciendo: Juzgad conforme a la verdad, y haced misericordia y piedad cada cual con su hermano; no oprimáis a la viuda, al huérfano, al extranjero ni al pobre; ni ninguno piense mal en su corazón contra su hermano.
ZACARÍAS 7:8–10 RVR1960

Pero corra el juicio como las aguas y la justicia como una corriente inagotable.

AMÓS 5:24 LBLA

No tuerzas la justicia contra los pobres de tu pueblo en sus demandas legales.

ÉXODO 23:6 NVI

No harás injusticia en el juicio, ni favoreciendo al pobre ni complaciendo al grande; con justicia juzgarás a tu prójimo.

LEVÍTICO 19:15 RVR1960

¡Ay de ustedes, maestros de la ley, y ustedes celosos religiosos, que se hacen pasar por lo que no son! Ustedes dan para Dios una décima parte de las especias, pero no han cumplido con las partes más importantes de la ley, que son: la rectitud, la compasión y la fe. Estas cosas deben hacerse sin dejar de hacer las otras.

MATEO 23:23 NUEVA VIDA

De lo más que mis hermanos sufren son el hambre y la soledad, pero no solo de comida sino de la Palabra de Dios; de sed e ignorancia pero no solo de agua, sino de conocimiento, paz, verdad, justicia y amor.

MADRE TERESA

Dios es digno de confianza; Dios ama lo que es justo y recto. Por todas partes se pueden ver sus grandes actos de bondad.

SALMOS 33:4–5 TLA

El SEÑOR hace justicia, y juicios a favor de todos los oprimidos.

SALMOS 103:6 LBLA

*Justicia y poder deben andar juntas, de modo que lo que sea justo
sea también poderoso, y lo que sea poderoso sea también justo.*

BLAISE PASCAL

Dichosos los que practican la justicia y hacen siempre lo que es justo.
SALMOS 106:3 NVI

Alegría es para el justo el hacer juicio; mas destrucción a los que hacen iniquidad.
PROVERBIOS 21:15 RVR1960

La gente buena se preocupa por defender al indefenso; pero a los malvados eso ni les preocupa.
PROVERBIOS 29:7 TLA

Muchos buscan el favor del gobernante, pero del SEÑOR viene la justicia para el hombre.
PROVERBIOS 29:26 LBLA

Encomienda al SEÑOR tu camino; confía en él, y él actuará. Hará que tu justicia resplandezca como el alba; tu justa causa, como el sol de mediodía.
SALMOS 37:5–6 NVI

42
Soledad

Dios hizo a los seres humanos para que tuvieran
relación con Él y con los demás. Él conoce y provee
para satisfacer nuestra necesidad de compañía entre
la gente. Su mejor prescripción para la soledad
es: relacionarse con Él y con su pueblo.

Y dijo Jehová Dios: No es bueno que el hombre esté solo; le haré ayuda idónea para él.
GÉNESIS 2:18 RVR1960

Estoy tan triste y solitario como un buitre en el desierto, como un búho entre las ruinas, como un gorrión sobre el tejado. ¡Hasta he perdido el sueño!
SALMOS 102:6–7 TLA

> *Cada vez que dejamos que la soledad domine nuestros sentimientos, hemos perdido de vista a nuestro amable y amoroso Padre: Él es «Abba», nuestro papá.*
> MICHAEL CARD

Dios prepara un hogar para los solitarios; conduce a los cautivos a prosperidad; sólo los rebeldes habitan en una tierra seca.
SALMOS 68:6 LBLA

El enemigo atenta contra mi vida: quiere hacerme morder el polvo. Me obliga a vivir en las tinieblas, como los que murieron hace tiempo. Ya no me queda aliento; dentro de mí siento paralizado el corazón. Traigo a la memoria los tiempos de antaño: medito en todas tus proezas, considero las obras de tus manos. Hacia ti extiendo las manos; me haces falta, como el agua a la tierra seca.
SALMOS 143:3–6 NVI

Mírame, y ten misericordia de mí, porque estoy solo y afligido. Las angustias de mi corazón se han aumentado; sácame de mis congojas. Mira mi aflicción y mi trabajo, y perdona todos mis pecados.
SALMOS 25:16–18 RVR1960

Refúgiese en los brazos de Dios. Cuando se sienta herido,
solo, excluído, deje que él lo acune, lo consuele y lo
reconforte con su poder y amor todo suficiente.
KAY ARTHUR

Dios siempre salva a los suyos; los que confían en él no sufrirán ningún castigo.
SALMOS 34:22 TLA

Pero la que en verdad es viuda y se ha quedado sola, tiene puesta su esperanza en Dios y continúa en súplicas y oraciones noche y día.
1 TIMOTEO 5:5 LBLA

La ruta al conocimiento de Dios pasa a través
del valle de la soledad profunda.
LARRY CRABB

Y digo: «La vida se me acaba, junto con mi esperanza en el SEÑOR.» Recuerda que ando errante y afligido, que me embargan la hiel y la amargura. Siempre tengo esto presente, y por eso me deprimo. Pero algo más me viene a la memoria, lo cual me llena de esperanza: El gran amor del SEÑOR nunca se acaba, y su compasión jamás se agota.
LAMENTACIONES 3:18–22 NVI

Pacientemente esperé a Jehová, y se inclinó a mí, y oyó mi clamor. Y me hizo sacar del pozo de la desesperación, del lodo cenagoso; puso mis pies sobre peña, y enderezó mis pasos. Puso luego en mi boca cántico nuevo, alabanza a nuestro Dios. Verán esto muchos, y temerán, y confiarán en Jehová.
SALMOS 40:1–3 RVR1960

43

Amor hacia los demás

Uno de los más grandes desafíos del cristiano quizás sea
el amar a los demás. La gente, después de todo, es muy
inconsistente. Nos causa dolor aun cuando no sea en
forma intencional. Intentémoslo. Amar a los demás puede
demandar un verdadero sacrificio. Pero es un sacrificio que
no podemos evitar si queremos ser seguidores de Jesús.
Recuerda que cuando parezca que no podremos, Él nos
ayuda a amar en la forma que quiere que lo hagamos.

Les doy un mandamiento nuevo: Ámense unos a otros. Ustedes deben amarse de la misma manera que yo los amo. Si se aman de verdad, entonces todos sabrán que ustedes son mis seguidores.
JUAN 13:34–35 TLA

Sabemos lo que es el amor, porque Cristo dio su vida por nosotros. Así debemos dar nuestras vidas por nuestros hermanos.
1 JUAN 3:16 NUEVA VIDA

Amados, si Dios así nos amó, también nosotros debemos amarnos unos a otros. A Dios nadie le ha visto jamás. Si nos amamos unos a otros, Dios permanece en nosotros y su amor se perfecciona en nosotros.
1 JUAN 4:11–12 LBLA

Si resto importancia a aquellos a quienes he sido llamado a servir, les señalo sus debilidades versus los que creo que son mis puntos fuertes; si adopto una actitud de superioridad frente a ellos... entonces estaré demostrando que no sé nada del amor del Calvario.
AMY CARMICHAEL

Y éste es su mandamiento: que creamos en el nombre de su Hijo Jesucristo, y que nos amemos los unos a los otros, pues así lo ha dispuesto.
1 JUAN 3:23 NVI

El que ama a su hermano, permanece en la luz, y en él no hay tropiezo.
1 JUAN 2:10 RVR1960

Yo quiero ese amor que no puede dejar de amar;
amar, como Dios, por el puro placer de amar.

A. B. SIMPSON

Ámense unos a otros como hermanos, y respétense siempre.
ROMANOS 12:10 TLA

Al fin de todo, ustedes deben compartir los mismos
pensamientos y los mismos sentimientos. Ámense unos a otros
con un corazón generoso y con una mente sin orgullo.
1 PEDRO 3:8 NUEVA VIDA

Cuando la ira gana, el amor siempre pierde.

WILLARD HARLEY, JR.

Con toda humildad y mansedumbre, con paciencia, soportándoos
unos a otros en amor, esforzándoos por preservar la unidad del
Espíritu en el vínculo de la paz.
EFESIOS 4:2–3 LBLA

No tengan deudas pendientes con nadie, a no ser la de amarse
unos a otros. De hecho, quien ama al prójimo ha cumplido la ley.
Porque los mandamientos que dicen: «No cometas adulterio»,
«No mates», «No robes», «No codicies», y todos los demás
mandamientos, se resumen en este precepto: «Ama a tu prójimo
como a ti mismo.»
ROMANOS 13:8–9 NVI

Porque vosotros, hermanos, a libertad fuisteis llamados;
solamente que no uséis la libertad como ocasión para la carne,
sino servíos por amor los unos a los otros.
GÁLATAS 5:13 RVR1960

Amar es un acto de perdón infinito.
JEAN VANIER

Y consideremos cómo estimularnos unos a otros al amor y a las buenas obras, no dejando de congregarnos, como algunos tienen por costumbre, sino exhortándonos unos a otros, y mucho más al ver que el día se acerca.
HEBREOS 10:24–25 LBLA

Amados hijos míos, debemos amarnos unos a otros, porque el amor viene de Dios. Todo el que ama es hijo de Dios y conoce a Dios. El que no ama no conoce a Dios, porque Dios es amor.
1 JUAN 4:7–8 TLA

Por esta razón también, obrando con toda diligencia, añadid a vuestra fe, virtud, y a la virtud, conocimiento; al conocimiento, dominio propio, al dominio propio, perseverancia, y a la perseverancia, piedad, a la piedad, fraternidad y a la fraternidad, amor.
2 PEDRO 1:5–7 LBLA

Si alguien que posee bienes materiales ve que su hermano está pasando necesidad, y no tiene compasión de él, ¿cómo se puede decir que el amor de Dios habita en él?
1 JUAN 3:17 NVI

44

Mentira

Porque Dios es constantemente veraz, su pueblo
debe serlo, igualmente. Pero el pecado ha de tal
manera distorsionado nuestro ser que a menudo nos
parece demasiado difícil evitar las exageraciones, los
engaños o incluso decir directamente falsedades.
Pero cuando llevamos nuestras inconsistencias con
la verdad al Padre de la Verdad y le pedimos que nos
perdone, Él, que es «el camino, la verdad, y la vida»
(Juan 14.6) nos separará de nuestro pecado.

Los labios mentirosos son abominación a Jehová; pero los que hacen verdad son su contentamiento.
PROVERBIOS 12:22 RVR1960

¡Tú destruyes a los mentirosos, y rechazas a los tramposos y asesinos!
SALMOS 5:6 TLA

Has rechazado a todos los que se desvían de tus estatutos, porque su engaño es en vano.
SALMOS 119:118 LBLA

Que sean avergonzados los malvados, y acallados en el sepulcro. Que sean silenciados sus labios mentirosos, porque hablan contra los justos con orgullo, desdén e insolencia.
SALMOS 31:17–18 NVI

El labio veraz permanecerá para siempre; mas la lengua mentirosa sólo por un momento.
PROVERBIOS 12:19 RVR1960

Las riquezas que amontona el mentiroso se desvanecen como el humo; son una trampa mortal.
PROVERBIOS 21:6 TLA

La lengua mentirosa odia a los que oprime, y la boca lisonjera causa ruina.
PROVERBIOS 26:28 LBLA

Si usted está en la verdad, si ha aprendido a amar la verdad, si ve la santidad de la verdad, entonces usted dirá la verdad. No hemos sido llamados a ser engañadores o mentirosos. Dios es un Dios de la verdad, y su pueblo ha sido llamado a tener en la más alta estima la verdad.
R. C. SPROUL

Dichoso aquel a quien el Señor no toma en cuenta su maldad y en cuyo espíritu no hay engaño.
SALMOS 32:2 NVI

A Jehová clamé estando en angustia, y él me respondió. Libra mi alma, oh Jehová, del labio mentiroso, y de la lengua fraudulenta. ¿Qué te dará, o qué te aprovechará, Oh lengua engañosa?
SALMOS 120:1–3 RVR1960

> *Quienes engañan a otros se engañan a ellos mismos, como terminarán dándose cuenta, a su propio costo.*
> MATTHEW HENRY

Los mentirosos no muestran su odio, pero los tontos todo lo cuentan.
PROVERBIOS 10:18 TLA

Se acordaban de que Dios era su roca, y el Dios Altísimo su Redentor. Mas con su boca le engañaban, y con su lengua le mentían. Pues su corazón no era leal para con El, ni eran fieles a su pacto.
SALMOS 78:35–37 LBLA

> *Mentirnos a nosotros mismos es peor que mentir a otros.*
> FEDOR DOSTOIEVSKI

De dentro del corazón del hombre salen los malos pensamientos, los pecados sexuales de los casados y de los solteros, los asesinatos, los robos, los deseos de obtener lo ajeno, las maldades, las mentiras, los deseos sexuales, las mentes que quieren pecar, el hablar contra Dios, el creerse mejor de lo que uno es y el hacer tonterías. Todas estas cosas malas salen de adentro y hacen malo al hombre.
MARCOS 7:21–23 NUEVA VIDA

45

Matrimonio

El matrimonio es un cuadro de la relación entre Dios
y su pueblo. Por eso, no debería sorprendernos que
Dios prohíba el matrimonio entre creyentes y aquellos
que no han puesto su fe en Él. La relación marital
es un pacto muy especial entre Dios y dos personas
y debe ser honrado por todos. Los cónyuges deben
mantenerse fieles el uno al otro por toda la vida.

Honroso sea en todos el matrimonio, y el lecho sin mancilla; pero a los fornicarios y a los adúlteros los juzgará Dios.
HEBREOS 13:4 RVR1960

He conocido muchos matrimonios felices, pero nunca uno compatible. La meta de un matrimonio debe ser esforzarse y sobrevivir el instante cuando la incompatibilidad parece ser insuperable.
G. K. CHESTERTON

Y esta otra cosa hacéis: cubrís el altar del SEÑOR de lágrimas, llantos y gemidos, porque El ya no mira la ofrenda ni la acepta con agrado de vuestra mano. Y vosotros decís: "¿Por qué?" Porque el SEÑOR ha sido testigo entre tú y la mujer de tu juventud, contra la cual has obrado deslealmente, aunque ella es tu compañera y la mujer de tu pacto. Pero ninguno que tenga un remanente del Espíritu lo ha hecho así. ¿Y qué hizo éste mientras buscaba una descendencia de parte de Dios? Prestad atención, pues, a vuestro espíritu; no seas desleal con la mujer de tu juventud.
MALAQUÍAS 2:13–15 LBLA

¡Bendita sea tu esposa!, ¡la novia de tu juventud! Es como una linda venadita; deja que su amor y sus caricias te hagan siempre feliz.
PROVERBIOS 5:18–19 TLA

Si un hijo de Dios se casa con un hijo del diablo, es seguro que el hijo de Dios va a tener problemas con su suegro.
DESCONOCIDO

No formen yunta con los incrédulos. ¿Qué tienen en común la justicia y la maldad? ¿O qué comunión puede tener la luz con la oscuridad?
2 CORINTIOS 6:14 NVI

*Cuando sus oídos oyen y sus ojos ven el pecado, las debilidades
o las fallas de su marido o de su esposa, eso no es por un mero
accidente; siempre es por gracia. Dios ama a su cónyuge y Él se ha
comprometido a transformarlo o a transformarla por su gracia, y lo
ha escogido a usted para que sea uno de sus instrumentos de cambio.*

PAUL DAVID TRIPP

Pero a causa de las fornicaciones, cada uno tenga su propia
mujer, y cada una tenga su propio marido. El marido cumpla con
la mujer el deber conyugal, y asimismo la mujer con el marido. La
mujer no tiene potestad sobre su propio cuerpo, sino el marido;
ni tampoco tiene el marido potestad sobre su propio cuerpo,
sino la mujer. No os neguéis el uno al otro, a no ser por algún
tiempo de mutuo consentimiento, para ocuparos sosegadamente
en la oración; y volved a juntaros en uno, para que no os tiente
Satanás a causa de vuestra incontinencia.

1 CORINTIOS 7:2–5 RVR1960

A la mujer [el SEÑOR Dios] dijo: En gran manera multiplicaré tu
dolor en el parto, con dolor darás a luz los hijos; y con todo, tu
deseo será para tu marido, y él tendrá dominio sobre ti.

GÉNESIS 3:16 LBLA

Mujeres, obedezcan a sus esposos, porque al hacerlo, obedecen
al Señor. El esposo es la cabeza de su esposa, como Cristo es
la cabeza de la iglesia. La iglesia es el cuerpo de Cristo, a quien
él salva. Como la iglesia obedece a Cristo, así las mujeres deben
obedecer a sus maridos en todo. Maridos, amen a sus esposas.
Deben amarlas como Cristo amó a la iglesia. Él dio su vida por ella.

EFESIOS 5:22–25 NUEVA VIDA

Esposas, sométanse a sus esposos, como conviene en el Señor. Esposos, amen a sus esposas y no sean duros con ellas.

COLOSENSES 3:18–19 NVI

Por lo demás, cada uno de vosotros ame también a su mujer como a sí mismo; y la mujer respete a su marido.

EFESIOS 5:33 RVR1960

> *La atracción sexual es el fundamento más frágil*
> *para construir un matrimonio feliz.*
> JOHN R. RICE

Pero el que se enreda con la mujer de otro comete la peor estupidez: busca golpes, encuentra vergüenzas, ¡y acaba perdiendo la vida! Además, el marido engañado da rienda suelta a su furia; si de vengarse se trata, no perdona a nadie. Un marido ofendido no acepta nada a cambio; no se da por satisfecho ni con todo el oro del mundo.

PROVERBIOS 6:32–35 TLA

> *En un matrimonio, un hombre y una mujer pueden llegar a*
> *ser los mejores amigos, sabiendo cada uno que Dios los conoce*
> *mejor que nadie. Esto, también, es un don del Creador.*
> SINCLAIR FERGUSON

La mujer virtuosa es corona de su marido, mas la que lo avergüenza es como podredumbre en sus huesos.

PROVERBIOS 12:4 LBLA

Mujer ejemplar, ¿dónde se hallará? ¡Es más valiosa que las piedras preciosas! Su esposo confía plenamente en ella y no necesita de ganancias mal habidas. Ella le es fuente de bien, no de mal, todos los días de su vida.

PROVERBIOS 31:10–12 NVI

*Una de las más grandes ironías del divorcio es que las personas
creen que están permutando su relación amorosa deteriorada
por algo mejor. Pero, en realidad, lo mejor es el matrimonio.*

GARY Y BARBARA ROSBERG

Pero a los que están unidos en matrimonio, mando, no yo, sino
el Señor: Que la mujer no se separe del marido; y si se separa,
quédese sin casar, o reconcíliese con su marido; y que el marido
no abandone a su mujer.
1 CORINTIOS 7:10–11 RVR1960

Del mismo modo, si una mujer de la iglesia está casada con un
hombre que no es cristiano, pero él quiere seguir viviendo con
ella, tampoco deben separarse. Porque el esposo que no cree en
Cristo, puede ser aceptado por Dios si está unido a una mujer
cristiana. Del mismo modo, una esposa que no cree en Cristo,
puede ser aceptada por Dios si está unida a un hombre que sí
cree en Cristo. Además, los hijos de ellos serán aceptados por
Dios como parte de su pueblo, y Dios no los rechazará como si
fueran algo sucio.
1 CORINTIOS 7:13–14 TLA

La esposa no es libre mientras vive su esposo. Si su esposo
muere, ella es libre para casarse con quien desee, con tal que él
sea un cristiano.
1 CORINTIOS 7:39 NUEVA VIDA

46

Misericordia

A pesar de nosotros, estábamos absorbidos por el pecado. Pero Dios, en su misericordia, envió a su Hijo a morir por cada pensamiento y hecho errado. Al acercarnos a Él por medio de la fe, nuestra comprensión de su misericordia aumenta. Reconocemos nuestra profunda necesidad de Él en cada rincón de nuestras vidas, y empezamos a responder a su amor mediante mostrar misericordia a otros.

Así que del que quiere tiene misericordia, y al que quiere endurece.

ROMANOS 9:18 LBLA

Sin embargo, es tal tu compasión que no los destruiste ni abandonaste, porque eres Dios clemente y compasivo.

NEHEMÍAS 9:31 NVI

Deje el impío su camino, y el hombre inicuo sus pensamientos, y vuélvase a Jehová, el cual tendrá de él misericordia, y al Dios nuestro, el cual será amplio en perdonar.

ISAÍAS 55:7 RVR1960

El te ha declarado, oh hombre, lo que es bueno. ¿Y qué es lo que demanda el SEÑOR de ti, sino sólo practicar la justicia, amar la misericordia, y andar humildemente con tu Dios?

MIQUEAS 6:8 LBLA

> *Si la misericordia de Dios puede ser vencedora sobre nuestros pecados, nosotros también podremos vencerlo día a día.*
> RICHARD SIBBES

Lo que pido de ustedes es amor y no sacrificios, conocimiento de Dios y no holocaustos.

OSEAS 6:6 NVI

En el pasado, ustedes desobedecieron a Dios. Pero ahora que los judíos no han querido obedecerlo, Dios se ha compadecido de ustedes. Y así como Dios les ha mostrado a ustedes su compasión, también lo hará con ellos. Pues Dios hizo que todos fueran desobedientes, para así tenerles compasión a todos.

ROMANOS 11:30–32 TLA

La misericordia es como el arco iris, el cual Dios pone
en las nubes; nunca aparece en la noche. Si rehusamos la
misericordia aquí, tendremos justicia en la eternidad.

JEREMY TAYLOR

El que encubre sus pecados no prosperará; mas el que los
confiesa y se aparta alcanzará misericordia.
PROVERBIOS 28:13 RVR1960

Mas yo, por la abundancia de tu misericordia entraré en tu
casa; me postraré en tu santo templo con reverencia.
SALMOS 5:7 LBLA

Padre Celestial… es tu misericordia que me aflige y
me trata con privaciones, pero por estas pruebas puedo
ver mis pecados y desear separarme de ellos.

ORACIÓN PURITANA

Acuérdate, Señor, de tu ternura y gran amor, que siempre me has
mostrado.
SALMOS 25:6 NVI

A ti, oh Jehová, clamaré, y al Señor suplicaré. ¿Qué provecho
hay en mi muerte cuando descienda a la sepultura? ¿Te alabará
el polvo? ¿Anunciará tu verdad? . . . Has cambiado mi lamento
en baile; desataste mi cilicio, y me ceñiste de alegría. Por tanto,
a ti cantaré, gloria mía, y no estaré callado. Jehová Dios mío, te
alabaré para siempre.
SALMOS 30:8–9, 11–12 RVR1960

Dios mío, tú eres todo bondad, ten compasión de mí; tú eres muy compasivo, no tomes en cuenta mis pecados. ¡Quítame toda mi maldad! ¡Quítame todo mi pecado! Sé muy bien que soy pecador, y sé muy bien que he pecado.
SALMOS 51:1–3 TLA

Vuélvete a mí y tenme piedad, como acostumbras con los que aman tu nombre. Afirma mis pasos en tu palabra, y que ninguna iniquidad me domine.
SALMOS 119:132–133 LBLA

> *Un cristiano debería recordar siempre que el valor de sus obras buenas no está basado en la cantidad o en la calidad, sino en el amor de Dios que lo mueve a hacer estas cosas.*
> JUAN DE LA CRUZ

Felices son los que sienten compasión, porque de ellos también se tendrá compasión.
MATEO 5:7 NUEVA VIDA

Hermanos cristianos, les pido de corazón que le den sus cuerpos a Dios, por su bondad para con nosotros. Que nuestros cuerpos sean un regalo vivo y santo, hecho a Dios. Esto le agrada. Es la verdadera adoración que deben darle a él.
ROMANOS 12:1 NUEVA VIDA

47
Dinero

No siempre es fácil recordar que *todo* lo que tenemos
viene de Dios, incluso nuestras finanzas. Él no solo
nos da el dinero, sino también la promesa que siempre
nos proveerá. Eso no significa que tengamos que gastar
indiscriminadamente, sino que como seguidores de
Él nunca dejaremos de tener lo que necesitamos.

Recuerda al Señor tu Dios, porque es él quien te da el poder para producir esa riqueza; así ha confirmado hoy el pacto que bajo juramento hizo con tus antepasados.

Deuteronomio 8:18 NVI

No os afanéis, pues, diciendo: ¿Qué comeremos, o qué beberemos, o qué vestiremos? Porque los gentiles buscan todas estas cosas; pero vuestro Padre celestial sabe que tenéis necesidad de todas estas cosas. Mas buscad primeramente el reino de Dios y su justicia, y todas estas cosas os serán añadidas.

Mateo 6:31–33 RVR1960

¡Alabemos a nuestro Dios! ¡Dios bendice a quienes lo adoran y gozan cumpliendo sus mandamientos! . . . . Tendrán en su casa muchas riquezas, y siempre triunfarán en todo.

Salmos 112:1, 3 TLA

> *Dios me prospera no para elevar mi nivel de vida, sino para elevar mi nivel de dar.*
> Randy Alcorn

Cada hombre dará lo que pueda, de acuerdo con la bendición que el Señor tu Dios te haya dado.

Deuteronomio 16:17 LBLA

Bien le va al que presta con generosidad. . . . Reparte sus bienes entre los pobres.

Salmos 112:5, 9 NVI

Nadie puede tener dos patrones. Porque odiará al uno y amará al otro, o escuchará al uno y estará en contra del otro. Ustedes tampoco pueden tener como patrones: a Dios y al dinero al mismo tiempo.

Mateo 6:24 NUEVA VIDA

> *La verdadera medida de nuestra riqueza es cuánto*
> *valdríamos si perdiéramos todo nuestro dinero.*
> J. H. JOWETT

Los que confían en sus bienes, y de la muchedumbre de sus riquezas se jactan, ninguno de ellos podrá en manera alguna redimir al hermano, ni dar a Dios su rescate.
SALMOS 49:6–7 RVR1960

Ay del que edifica su casa sin justicia y sus aposentos altos sin derecho, que a su prójimo hace trabajar de balde y no le da su salario.
JEREMÍAS 22:13 LBLA

> *Alguien dice: «Si tuviera un poco más, me sentiría*
> *satisfecho». Pero comete un error. Porque si no está contento*
> *con lo que tiene, no lo estará si llega a tener el doble.*
> D. H. SPURGEON

Porque todos los males comienzan cuando sólo se piensa en el dinero. Por el deseo de amontonarlo, muchos se olvidaron de obedecer a Dios, y acabaron por tener muchos problemas y sufrimientos.
1 TIMOTEO 6:10 TLA

Los ricos son los amos de los pobres; los deudores son esclavos de sus acreedores.
PROVERBIOS 22:7 NVI

> *Ya es hora que dejemos de comprar cosas que no necesitamos con dinero*
> *que no tenemos para impresionar a la gente que no nos agrada.*
> ADRIAN ROGERS

Mejor es lo poco con justicia que la muchedumbre de frutos sin derecho.
PROVERBIOS 16:8 RVR1960

48

Ocultismo

Aunque muchos cristianos son tentados a involucrarse
en toda clase de adivinaciones tales como la ouija
y las cartas del Tarot, y la hechicería y la brujería
pueden tener su encanto siendo parte de cosas que
muestren una clara falta de confianza en Dios. Nadie
que practique el mal tiene el poder de nuestro Señor
y nadie puede protegernos como lo puede hacer Él.
Dios equipara practicar el ocultismo con otros
pecados obsesionantes como la prostitución
espiritual y advierte que quienes persisten en
tales prácticas no heredarán su Reino.

No sea hallado en ti nadie que haga pasar a su hijo o a su hija por el fuego, ni quien practique adivinación, ni hechicería, o sea agorero, o hechicero, o encantador, o médium, o espiritista, ni quien consulte a los muertos.

DEUTERONOMIO 18:10–11 LBLA

Una esposa que es ochenta y cinco por ciento fiel a su marido no lo es del todo. No existe eso de que se puede ser parcialmente leal a Jesucristo.

VANCE HAVNER

También me pondré en contra de quien acuda a la nigromancia y a los espiritistas, y por seguirlos se prostituya. Lo eliminaré de su pueblo. Conságrense a mí, y sean santos, porque yo soy el SEÑOR su Dios.

LEVÍTICO 20:6–7 NVI

A la hechicera no dejarás que viva.

ÉXODO 22:18 RVR1960

No os volváis a los médium ni a los espiritistas, ni los busquéis para ser contaminados por ellos. Yo soy el SEÑOR vuestro Dios.

LEVÍTICO 19:31 LBLA

No coman nada que tenga sangre. No practiquen la adivinación ni los sortilegios.

LEVÍTICO 19:26 NVI

Si con nuestras palabras no tenemos éxito en alcanzar a los que practican el ocultismo, podremos con nuestras oraciones. Al interceder como cristianos, Dios actúa para mostrar la verdad en una manera incontrarrestable.

Que deshago las señales de los adivinos, y enloquezco a los agoreros; que hago volver atrás a los sabios, y desvanezco su sabiduría.
Isaías 44:25 RVR1960

Exterminaré las hechicerías de tu mano, y no tendrás más adivinos.
Miqueas 5:12 LBLA

Las cosas que su naturaleza pecadora quiere hacer son: pecados sexuales, malos deseos, adorar falsos dioses, brujería, odio, pleitos, envidias, enojos, discusiones, formar grupos de división y falsas enseñanzas. Quieren lo que otros tienen, matan, se emborrachan, comen mucho. Hacen otras cosas parecidas. Les dije antes y les digo otra vez: los que hacen todas estas cosas no tendrán lugar en el reino de Dios.
Gálatas 5:19–21 NUEVA VIDA

> *No deja de llamar la atención que todas las herejías que han surgido en la Iglesia cristiana han tenido una tendencia definitiva a deshonrar a Dios y a adular al hombre.*
> C. H. Spurgeon

Y si os dijeren: Preguntad a los encantadores y a los adivinos, que susurran hablando, responded: ¿No consultará el pueblo a su Dios? ¿Consultará a los muertos por los vivos?
Isaías 8:19 RVR1960

49
Paciencia

La paciencia es una de esas virtudes cristianas que a
veces menos practicamos. Mientras corremos de un
lado a otro para atender las cosas que tenemos que
hacer, ponemos a la paciencia a un lado hasta que Dios
nos obliga a retomarla. Seríamos pésimos cristianos si
Dios no nos hubiera enseñado a esperar con paciencia
por su voluntad. Nuestra impaciencia puede hacernos
aparecer en cuanto a nuestras relaciones interpersonales
como que estamos tratando de obligar a otros a que
se acomoden a nuestro estilo. ¿Te puedes imaginar
un ministerio cristiano sin paciencia? Nadie querría
tener algo que ver con el ministro que lo dirige.

El Señor descendió en la nube y se puso junto a Moisés. Luego le dio a conocer su nombre: pasando delante de él, proclamó: —El Señor, el Señor, Dios clemente y compasivo, lento para la ira y grande en amor y fidelidad.
Éxodo 34:5–6 NVI

Mi Dios es muy tierno y bondadoso; no se enoja fácilmente, y es muy grande su amor.
Salmos 103:8 TLA

> *Paciencia hacia los demás es amor, paciencia hacia uno mismo es esperanza, paciencia con Dios es fe.*
> Adel Bestavros

¿O menosprecias las riquezas de su benignidad, paciencia y longanimidad, ignorando que su benignidad te guía al arrepentimiento?
Romanos 2:4 RVR1960

Espera al Señor; esfuérzate y aliéntese tu corazón. Sí, espera al Señor.
Salmos 27:14 LBLA

Más vale ser paciente que valiente; más vale dominarse a sí mismo que conquistar ciudades.
Proverbios 16:32 NVI

Calla en presencia de Dios, y espera paciente a que actúe; no te enojes por causa de los que prosperan ni por los que hacen planes malvados.
Salmos 37:7 TLA

Que los ancianos sean sobrios, serios, prudentes, sanos en la fe, en el amor, en la paciencia.
Tito 2:2 RVR1960

> *Enséñanos, Señor, la disciplina de la paciencia, porque a menudo esperar es más duro que trabajar.*
> PETER MARSHALL

Tengan gozo en su esperanza y no se rindan en las dificultades. No dejen que haya nada que les impida orar.
Romanos 12:12 NUEVA VIDA

Porque todo lo que fue escrito en tiempos pasados, para nuestra enseñanza se escribió, a fin de que por medio de la paciencia y del consuelo de las Escrituras tengamos esperanza.
Romanos 15:4 LBLA

> *Paciencia es una gracia tan difícil como necesaria y tan difícil de cultivar como precioso es ganarla.*
> B. H. SPURGEON

Con estas manos nos matamos trabajando. Si nos maldicen, bendecimos; si nos persiguen, lo soportamos.
1 Corintios 4:12 NVI

El amor es sufrido, es benigno; el amor no tiene envidia, el amor no es jactancioso, no se envanece.
1 Corintios 13:4 RVR1960

Sean humildes, amables y pacientes, y con amor dense apoyo los unos a los otros.
Efesios 4:2 TLA

También les pedimos, hermanos, que hablen con los que no quieran trabajar. Consuelen a los que sienten que no pueden seguir adelante. Ayuden a los débiles. Sean comprensivos y tolerantes con todos los hombres.
1 TESALONICENSES 5:14 NUEVA VIDA

> *Bíblicamente, la espera no es simplemente algo que tengamos que hacer hasta que obtengamos lo que queremos. Esperar es parte del proceso de llegar a ser lo que Dios quiere que seamos.*
> JOHN ORTBERG

Que el Señor dirija vuestros corazones hacia el amor de Dios y hacia la perseverancia de Cristo.
2 TESALONICENSES 3:5 LBLA

Y un siervo del Señor no debe andar peleando; más bien, debe ser amable con todos, capaz de enseñar y no propenso a irritarse.
2 TIMOTEO 2:24 NVI

Porque esto merece aprobación, si alguno a causa de la conciencia delante de Dios, sufre molestias padeciendo injustamente. Pues ¿qué gloria es, si pecando sois abofeteados, y lo soportáis? Mas si haciendo lo bueno sufrís, y lo soportáis, esto ciertamente es aprobado delante de Dios.
1 PEDRO 2:19–20 RVR1960

La paciencia vence toda resistencia. La cortesía vence toda oposición.
PROVERBIOS 25:15 TLA

> *La ley fundamental de la fe es la paciencia.*
> GEORGE MACDONALD

Pero el fruto que viene cuando tenemos el Espíritu Santo en nuestras vidas es: amor, gozo, paz, paciencia, bondad, honradez, fe.
GÁLATAS 5:22 NUEVA VIDA

Entonces, como escogidos de Dios, santos y amados, revestíos de tierna compasión, bondad, humildad, mansedumbre y paciencia.
COLOSENSES 3:12 LBLA

> *Esfuérzate para ser siempre paciente ante las faltas e imperfecciones de los demás porque tú tienes muchas faltas e imperfecciones por lo cual se requiere una reciprocidad de generosidad.*
> THOMAS A. KEMPIS

De hecho, todo lo que se escribió en el pasado se escribió para enseñarnos, a fin de que, alentados por las Escrituras, perseveremos en mantener nuestra esperanza. Que el Dios que infunde aliento y perseverancia les conceda vivir juntos en armonía, conforme al ejemplo de Cristo Jesús.
ROMANOS 15:4–5 NVI

50

Paz

Por mucho que busquemos paz en nuestras vidas,
no podremos encontrarla hasta que tengamos paz
con Dios, la fuente de toda paz. La verdadera paz
espiritual solo viene a través del Salvador.

Dios nos ha aceptado porque confiamos en él. Esto lo hizo posible nuestro Señor Jesucristo. Por eso ahora vivimos en paz con Dios.

ROMANOS 5:1 TLA

> *Alma mía, más allá de las estrellas*
> *hay un país donde se encuentra*
> *un alado centinela*
> *Dotado de total destreza;*
> *Allí, por sobre ruidos y peligros*
> *Hay una Dulce Paz, coronada de sonrisas*
> *Y ejércitos comandados*
> *Por quien nació en un pesebre.*
>
> HENRY VAUGHAN

Porque un niño nos es nacido, hijo nos es dado, y el principado sobre su hombro; y se llamará su nombre Admirable, Consejero, Dios Fuerte, Padre Eterno, Príncipe de Paz. Lo dilatado de su imperio y la paz no tendrán límite, sobre el trono de David y sobre su reino, disponiéndolo y confirmándolo en juicio y en justicia desde ahora y para siempre. El celo de Jehová de los ejércitos hará esto.

ISAÍAS 9:6–7 RVR1960

> *Paz con Dios no siempre quiere decir tiempos de calma y*
> *de felicidad. La salvación que Jesús trajo tiene un precio:*
> *conflicto contra el mal. Pero al final, todos los que confían*
> *en Él experimentarán la paz de la vida eterna.*

Pero, a cualquiera que me niega ante los hombres y vive como si no me conociera, también yo le negaré ante mi Padre que está en el cielo. "No piensen que he venido a traer paz al mundo. No vine para traer paz, sino lucha."

MATEO 10:33–34 NUEVA VIDA

"'El Señor te bendiga y te guarde; el Señor haga resplandecer su rostro sobre ti, y tenga de ti misericordia; el Señor alce sobre ti su rostro, y te dé paz.'"
Números 6:24–25 LBLA

La mentalidad pecaminosa es muerte, mientras que la mentalidad que proviene del Espíritu es vida y paz.
Romanos 8:6 NVI

Dios no nos puede dar felicidad y paz aparte de Él mismo porque aparte de Él, tal cosa no existe.
C. S. Lewis

Mucha paz tienen los que aman tu ley, y no hay para ellos tropiezo.
Salmos 119:165 RVR1960

Fíjate bien en la gente honrada; observa a los que hacen lo bueno: ¡para esta gente de paz hay un futuro brillante!
Salmos 37:37 TLA

El Señor dará fuerza a su pueblo; el Señor bendecirá a su pueblo con paz.
Salmos 29:11 LBLA

En paz me acuesto y me duermo, porque sólo tú, Señor, me haces vivir confiado.
Salmos 4:8 NVI

La paz siempre ha sido hermosa.
Walt Whitman

Aléjense del mal y hagan lo bueno, y procuren vivir siempre en paz.
SALMOS 34:14 TLA

Tú guardarás en completa paz a aquel cuyo pensamiento en ti
persevera; porque en ti ha confiado.
ISAÍAS 26:3 RVR1960

> *Los pacificadores llevan con ellos una atmósfera en la*
> *cual las discusiones mueren de muerte natural.*
> R. T. ARCHIBALD

Felices son los que buscan la paz, porque se les llamará
hijos de Dios.
MATEO 5:9 NUEVA VIDA

La paz os dejo, mi paz os doy; no os la doy como el mundo la
da. No se turbe vuestro corazón, ni tenga miedo.
JUAN 14:27 LBLA

Si es posible, y en cuanto dependa de ustedes,
vivan en paz con todos.
ROMANOS 12:18 NVI

Eso es todo, queridos hermanos. Me despido de ustedes
pidiéndoles que estén alegres. Traten de ser mejores. Háganme
caso. Pónganse de acuerdo unos con otros y vivan tranquilos. Y
el Dios que nos ama y nos da paz, estará con ustedes.
2 CORINTIOS 13:11 TLA

Que la paz de Cristo tenga poder sobre sus corazones, pues
fueron escogidos como partes de su cuerpo. Sean siempre
agradecidos.
COLOSENSES 3:15 NUEVA VIDA

51

Pornografía

Aunque la Biblia no usa la palabra *pornografía*, es claro
que esta clase de lujuria no es parte del estilo de vida del
cristiano. La fuerza para combatir este pecado viene de
una vida dedicada a Dios y capacitada por su Espíritu.

Pero yo os digo que todo el que mire a una mujer para codiciarla ya cometió adulterio con ella en su corazón.
MATEO 5:28 LBLA

Dios nos hizo seres sexuales, y eso es bueno. La atracción y el despertar al sexo es algo natural y espontáneo. La reacción a la belleza física es una bendición de Dios mientras que la lujuria es un acto deliberado de la voluntad.
RICK WARREN

Te protegerán de la mujer malvada, de la mujer ajena y de su lengua seductora. No abrigues en tu corazón deseos por su belleza, ni te dejes cautivar por sus ojos.
PROVERBIOS 6:24–25 NVI

Así también vosotros consideraos muertos al pecado, pero vivos para Dios en Cristo Jesús, Señor nuestro. No reine, pues, el pecado en vuestro cuerpo mortal, de modo que lo obedezcáis en sus concupiscencias; ni tampoco presentéis vuestros miembros al pecado como instrumentos de iniquidad, sino presentaos vosotros mismos a Dios como vivos de entre los muertos, y vuestros miembros a Dios como instrumentos de justicia.
ROMANOS 6:11–13 RVR1960

Porque todas las cosas que el mundo da, no vienen del Padre. Los malos deseos de la carne, las cosas que nuestros ojos ven y quieren y el orgullo de las cosas de la vida vienen del mundo.
1 JUAN 2:16 NUEVA VIDA

La imaginación es el estercolero donde a menudo este pecado se incuba. Cuide sus pensamientos y habrá poco temor de lo que haga.
J. C. RYLE

¡Ya casi llega el momento! Así que dejemos de pecar, porque pecar es como vivir en la oscuridad. Hagamos el bien, que es como vivir en la luz. Controlemos nuestros deseos de hacer lo malo, y comportémonos correctamente, como si todo el tiempo anduviéramos a plena luz del día. No vayamos a fiestas donde haya desórdenes, ni nos emborrachemos, ni seamos vulgares, ni tengamos ninguna clase de vicios. No busquemos pelea ni seamos celosos. Más bien, dejemos que Jesucristo nos proteja.

ROMANOS 13:12–14 TLA

Por tanto, considerad los miembros de vuestro cuerpo terrenal como muertos a la fornicación, la impureza, las pasiones, los malos deseos y la avaricia, que es idolatría.

COLOSENSES 3:5 LBLA

El secreto de vivir una vida de excelencia es sencillamente asunto de pensar pensamientos de excelencia. En realidad, es cuestión de programar nuestras mentes con la clase de información que nos hará libres.

CHUCK SWINDOLL

Huye también de las pasiones juveniles, y sigue la justicia, la fe, el amor y la paz, con los que de corazón limpio invocan al Señor.

2 TIMOTEO 2:22 RVR1960

Pero lo malo de este mundo y de todo lo que ofrece, está por acabarse. En cambio, el que hace lo que Dios manda vive para siempre.

1 JUAN 2:17 TLA

Les digo esto: Dejen que el Espíritu Santo les guíe en cada paso de su vida. Así no querrán hacer las cosas malas de antes, porque eso está en contra del Espíritu Santo. Y el Espíritu Santo está en contra de esos malos deseos. Siempre están uno en contra del otro. Así que no pueden hacer lo que quieran.

GÁLATAS 5:16 −17 NUEVA VIDA

Por tanto, puesto que Cristo ha padecido en la carne, armaos también vosotros con el mismo propósito, pues quien ha padecido en la carne ha terminado con el pecado, para vivir el tiempo que le queda en la carne, no ya para las pasiones humanas, sino para la voluntad de Dios. Porque el tiempo ya pasado os es suficiente para haber hecho lo que agrada a los gentiles, habiendo andado en sensualidad, lujurias, borracheras, orgías, embriagueces y abominables idolatrías.

1 PEDRO 4:1–3 LBLA

¡Bendita sea tu fuente! ¡Goza con la esposa de tu juventud! Es una gacela amorosa, es una cervatilla encantadora. ¡Que sus pechos te satisfagan siempre! ¡Que su amor te cautive todo el tiempo!

PROVERBIOS 5:18–19 NVI

52

Posesiones

Aunque la riqueza y muchas posesiones son regalos de Dios, pueden distraer a los creyentes del hecho que todo en esta vida es temporal. Sin embargo, muchas de las posesiones que Dios nos ha dado, necesitamos compartirlas generosamente y hacer tesoros en el cielo.

Asimismo, a todo hombre a quien Dios da riquezas y bienes, y le da también facultad para que coma de ellas, y tome su parte, y goce de su trabajo, esto es don de Dios.
ECLESIASTÉS 5:19 RVR1960

Jesús le dijo: "Si quieres ser perfecto, anda, vende todo lo que tienes y entrega el dinero a los pobres; entonces tendrás riquezas en el cielo. Luego, ven y sígueme." Cuando el joven oyó estas palabras, se fue triste, porque era muy rico. Jesús dijo a sus seguidores: "En verdad les digo que al rico le será difícil entrar en el reino de los cielos. De nuevo les digo que es más fácil que un camello pase por el ojo de una aguja que un rico entre en el reino de los cielos."
MATEO 19:21–24 NUEVA VIDA

El perezoso se queda sin comida; el trabajador la tiene en abundancia.
PROVERBIOS 12:27 TLA

> *No tengo duda que nada como la posesión de dinero es*
> *tan eficaz para apagar el fuego de la religión.*
> J. C. RYLE

Y les dijo: Estad atentos y guardaos de toda forma de avaricia; porque aun cuando alguien tenga abundancia, su vida no consiste en sus bienes.
LUCAS 12:15 LBLA

Hay un mal que he visto en esta vida y que abunda entre los hombres: a algunos Dios les da abundancia, riquezas y honores, y no les falta nada que pudieran desear, pero es a otros a quienes les concede disfrutar de todo ello. ¡Esto es absurdo, y un mal terrible!
ECLESIASTÉS 6:1–2 NVI

Vended lo que poseéis, y dad limosna; haceos bolsas que no se envejezcan, tesoro en los cielos que no se agote, donde ladrón no llega, ni polilla destruye.
LUCAS 12:33 RVR1960

Hay tres conversiones necesarias: la conversión del corazón,
la conversión de la mente y la conversión de la billetera.
MARTIN LUTERO

Después de la comida, Zaqueo se levantó y le dijo a Jesús: —Señor, voy a dar a los pobres la mitad de todo lo que tengo. Y si he robado algo, devolveré cuatro veces esa cantidad. Jesús le respondió: —Desde hoy, tú y tu familia son salvos, pues eres un verdadero descendiente de Abraham.
LUCAS 19:8–9 TLA

Se sorprendieron y se llenaron de temor. Y los misioneros hacían muchas maravillas y cosas admirables. Todos los que pusieron su confianza en Cristo estaban juntos y compartían todo lo que tenían. Cuando algunos de ellos tenían necesidad, vendían lo que poseían y lo repartían entre otros.
HECHOS 2:43–45 NUEVA VIDA

Repartir nuestra riqueza generosamente es
la mejor manera de conservarla.
ISAAC BARROW

La congregación de los que creyeron era de un corazón y un alma; y ninguno decía ser suyo lo que poseía, sino que todas las cosas eran de propiedad común.
HECHOS 4:32 LBLA

No busques grandes cosas para ti en este mundo, porque si tu ropa
dura es demasiado larga, te hará tropezar; y un bastón ayuda al
hombre en su peregrinar pero muchos bastones lo harán caer.

WILLIAM BRIDGE

También se compadecieron de los encarcelados, y cuando
a ustedes les confiscaron sus bienes, lo aceptaron con
alegría, conscientes de que tenían un patrimonio mejor y más
permanente.
HEBREOS 10:34 NVI

Pero el que tiene bienes de este mundo y ve a su hermano tener
necesidad, y cierra contra él su corazón, ¿cómo mora el amor de
Dios en él?
1 JUAN 3:17 RVR1960

Si doy todo lo que tengo para dar de comer a los pobres, y si
doy mi cuerpo para ser quemado, pero no tengo amor, de nada
me sirve.
1 CORINTIOS 13:3 NUEVA VIDA

53

Poder

Cuando ejercemos poder, tenemos que
hacerlo recordando que es para Él.

Tu diestra, oh Señor, es majestuosa en poder; tu diestra, oh Señor, destroza al enemigo. En la grandeza de tu excelencia derribas a los que se levantan contra ti; envías tu furor, y los consumes como paja.
Éxodo 15:6–7 LBLA

Tuyos son, Señor, la grandeza y el poder, la gloria, la victoria y la majestad. Tuyo es todo cuanto hay en el cielo y en la tierra. Tuyo también es el reino, y tú estás por encima de todo. De ti proceden la riqueza y el honor; tú lo gobiernas todo. En tus manos están la fuerza y el poder, y eres tú quien engrandece y fortalece a todos.
1 Crónicas 29:11–12 NVI

El poder de Dios es como Él mismo: infinito, eterno, incomprensible; el ser humano no lo puede chequear, restringir o frustrar.
Stephen Charnock

Una vez habló Dios; dos veces he oído esto: Que de Dios es el poder, y tuya, oh Señor, es la misericordia; porque tú pagas a cada uno conforme a su obra.
Salmos 62:11–12 RVR1960

Con tu brazo poderoso diste libertad a tu pueblo Israel.
Salmos 77:15 TLA

Ha hecho conocer a su pueblo el poder de sus obras, al darle la heredad de las naciones.
Salmos 111:6 LBLA

Este evangelio habla de su Hijo, que según la naturaleza humana era descendiente de David, pero que según el Espíritu de santidad fue designado con poder Hijo de Dios por la resurrección. Él es Jesucristo nuestro Señor.
Romanos 1:3–4 NVI

Toda la gente trataba de tocar a Jesús. Salía poder de él,
y todos sanaban.
LUCAS 6:19 NUEVA VIDA

Porque las cosas invisibles de él, su eterno poder y deidad, se
hacen claramente visibles desde la creación del mundo, siendo
entendidas por medio de las cosas hechas, de modo que no
tienen excusa.
ROMANOS 1:20 RVR1960

¿En qué estabas pensando cuando creaste al ser humano? Nos
has dado una vida muy corta, y de la muerte nadie se libra.
SALMOS 89:47–48 TLA

El hombre sabio es fuerte, y el hombre de conocimiento aumenta
su poder.
PROVERBIOS 24:5 LBLA

> *Si lo miras de frente y le dices: «Sí, Señor, al costo que sea» en*
> *ese momento Él inundará tu vida con su presencia y poder.*
> ALAN REDPATH

Él fortalece al cansado y acrecienta las fuerzas del débil.
ISAÍAS 40:29 NVI

> *Si pensamos en el Espíritu Santo como un poder o una influencia*
> *impersonal, estaremos siempre preguntándonos en qué manera*
> *podremos usarlo; pero si pensamos de Él como nos lo enseña*
> *la Biblia, como la persona divina que es, infinitamente sabio.*
> *infinitamente santo, infinitamente afectuoso entonces nuestra*
> *actitud será: «¿Cómo el Espíritu Santo podrá usarme?»*
> R. A. TORREY

Pero recibiréis poder, cuando haya venido sobre vosotros el Espíritu Santo, y me seréis testigos en Jerusalén, en toda Judea, en Samaria, y hasta lo último de la tierra.
HECHOS 1:8 RVR1960

No me da vergüenza anunciar esta buena noticia. Gracias al poder de Dios, todos los que la escuchan y creen en Jesús son salvados; no importa si son judíos o no lo son.
ROMANOS 1:16 TLA

> *La autoridad que el líder cristiano ejerce no está basada en el poder sino en el amor, no obliga sino que da el ejemplo, no coacciona sino que persuade a través de razonar. Los líderes tienen poder pero ese poder es seguro solo en las manos de quienes sirven con humildad.*
> JOHN STOTT

Los misioneros hablaban con gran poder de cómo Jesús había sido levantado de entre los muertos. Todos gozaban del favor de Dios.
HECHOS 4:33 NUEVA VIDA

> *Si tú no oras no tendrás poder.*
> BILLY SUNDAY

Y el Dios de la esperanza os llene de todo gozo y paz en el creer, para que abundéis en esperanza por el poder del Espíritu Santo.
ROMANOS 15:13 LBLA

Me explico: El mensaje de la cruz es una locura para los que se pierden; en cambio, para los que se salvan, es decir, para nosotros, este mensaje es el poder de Dios.
1 CORINTIOS 1:18 NVI

Entonces aparecerá la señal del Hijo del Hombre en el cielo; y entonces lamentarán todas las tribus de la tierra, y verán al Hijo del Hombre viniendo sobre las nubes del cielo, con poder y gran gloria.

MATEO 24:30 RVR1960

El reino de Dios no se hace con palabras, sino en poder.

1 CORINTIOS 4:20 NUEVA VIDA

54

Oración

La oración debería ser algo precioso, toda vez que es
una comunicación con nuestro Señor. ¡Pero cuán a
menudo nos cuesta orar con lo que estamos poniendo
a la oración fuera de nuestras vidas! Cristiano
que no ora es un cristiano débil e indefenso. Pero
con la oración, podremos mover montañas.

A Dios no le agradan las ofrendas de los malvados, pero recibe con agrado las oraciones de la gente buena.
PROVERBIOS 15:8 TLA

Ha considerado la oración de los menesterosos, y no ha despreciado su plegaria.
SALMOS 102:17 LBLA

No se inquieten por nada; más bien, en toda ocasión, con oración y ruego, presenten sus peticiones a Dios y denle gracias.
FILIPENSES 4:6 NVI

> *Nunca esperes el momento o el lugar adecuados para hablar de Él. Esperar hasta que estés en la iglesia o en tu ambiente sería hacerlo esperar. Él escucha mientras vas.*
> GEORGE MACDONALD

Orando en todo tiempo con toda oración y súplica en el Espíritu, y velando en ello con toda perseverancia y súplica por todos los santos.
EFESIOS 6:18 RVR1960

Oren en todo momento.
1 TESALONICENSES 5:17 TLA

> *Estamos demasiado ocupados para orar y demasiado ocupados para tener poder. Tenemos una gran agenda de actividades pero logramos hacer muy poco; mucho servicio pero pocas conversiones; mucha mecánica pero pocos resultados.*
> R. A. TORREY

Quiero que los hombres oren en todas partes, levantando manos limpias, sin enojos ni pleitos.
1 TIMOTEO 2:8 NUEVA VIDA

El espíritu de oración es una fuerza del alma que se proyecta
fuera del ámbito terrenal, es un proyectarse tras la vida de
Dios, es abandonar, hasta donde sea posible, todo lo de nuestro
propio espíritu para recibir un espíritu de arriba, para ser
una vida, un amor, un espíritu con Cristo en Dios.
WILLIAM LAW

Cuando clamo, respóndeme, oh Dios de mi justicia. En la
angustia me has aliviado; ten piedad de mí, escucha mi oración.
SALMOS 4:1 LBLA

El SEÑOR ha escuchado mis ruegos; el SEÑOR ha tomado en cuenta
mi oración.
SALMOS 6:9 NVI

Por eso los que te amamos oramos a ti en momentos de
angustia. Cuando vengan los problemas, no nos podrán alcanzar.
SALMOS 32:6 TLA

Si Dios puede extraer bendición del cuerpo quebrantado de
Jesús y gloria de algo tan obsceno como la cruz, entonces
puede extraer bendición de mis problemas y de mi dolor y de
mi oración no contestada. Solo tengo que confiar en Él.
ANNE GRAHAM LOTZ

Yo soy el hombre que ha visto aflicción bajo el látigo de su enojo.
. . . Me cercó por todos lados, y no puedo salir; ha hecho más
pesadas mis cadenas; aun cuando clamé y di voces, cerró los
oídos a mi oración.
LAMENTACIONES 3:1, 7–8 RVR1960

Pero yo les digo: Amen a los que les odian. Respeten y bendigan
a los que hablen mal de ustedes. Hagan el bien a los que sientan
odio por ustedes, oren por los que hacen maldades contra
ustedes y por los que les causan dificultades.
MATEO 5:44 NUEVA VIDA

En los días difíciles o cuando me siento abrumado, como ocurre con tanta frecuencia, me ayuda recordar en mis oraciones que todo lo que Dios requiere de mí es confiar en Él y en ser su amigo. Y eso lo puedo hacer.
BRUCE LARSON

Gozándoos en la esperanza, perseverando en el sufrimiento, dedicados a la oración.
ROMANOS 12:12 LBLA

Pero tú, cuando te pongas a orar, entra en tu cuarto, cierra la puerta y ora a tu Padre, que está en lo secreto. Así tu Padre, que ve lo que se hace en secreto, te recompensará. Y al orar, no hablen sólo por hablar como hacen los gentiles, porque ellos se imaginan que serán escuchados por sus muchas palabras. No sean como ellos, porque su Padre sabe lo que ustedes necesitan antes de que se lo pidan.
MATEO 6:6–8 NVI

Vosotros, pues, oraréis así: Padre nuestro que estás en los cielos, santificado sea tu nombre. Venga tu reino. Hágase tu voluntad, como en el cielo, así también en la tierra. El pan nuestro de cada día, dánoslo hoy. Y perdónanos nuestras deudas, como también nosotros perdonamos a nuestros deudores. Y no nos metas en tentación, mas líbranos del mal; porque tuyo es el reino, y el poder, y la gloria, por todos los siglos.
MATEO 6:9–13 RVR1960

Jesús les contestó: —Les aseguro que si ustedes tienen confianza y no dudan del poder de Dios, todo lo que pidan en sus oraciones sucederá. Hasta podrían hacer lo mismo que yo hice con la higuera, y más todavía. Si le dijeran a esta montaña: "Quítate de aquí y échate en el mar," ella les obedecería.
MATEO 21:21–22 TLA

Invariablemente, el «éxito» en la oración no prueba la doctrina cristiana. Prueba algo así como magia: un poder en ciertos seres humanos para controlar o compeler el curso de la naturaleza.
C. S. LEWIS

55

Orgullo

El orgullo es un pecado muy sutil que nos
separa del Dios todopoderoso. Cuando nos
concentramos en nuestro propio «poder», que es
tan frágil, no podemos verlo a Él como Señor.

Castigaré por su maldad al mundo, y por su iniquidad a los malvados. Pondré fin a la soberbia de los arrogantes y humillaré el orgullo de los violentos.
ISAÍAS 13:11 NVI

Dios derriba la casa del orgulloso, pero protege los terrenos de las viudas.
PROVERBIOS 15:25 TLA

> *Hay algo dentro del espíritu humano que intenta resistirse*
> *al pensamiento de debilidad. Muchas veces no es otra*
> *cosa que el orgullo humano trabajando. Así como la*
> *debilidad conlleva un gran potencial de fuerza, el orgullo*
> *conlleva un igualmente grande potencial de derrota.*
> CHARLES STANLEY

La altivez de los ojos del hombre será abatida, y la soberbia de los hombres será humillada; y Jehová solo será exaltado en aquel día.
ISAÍAS 2:11 RVR1960

El temor del SEÑOR es aborrecer el mal. El orgullo, la arrogancia, el mal camino y la boca perversa, yo aborrezco.
PROVERBIOS 8:13 LBLA

Dichoso el que pone su confianza en el Señor y no recurre a los idólatras ni a los que adoran dioses falsos.
SALMOS 40:4 NVI

Un hermano en Cristo que tiene pocas riquezas en este mundo debe estar contento con lo que tiene. Él es grande en los ojos de Dios. Pero el hombre rico debe estar feliz aunque pierda todo lo que tiene. Él es como una flor que morirá.
SANTIAGO 1:9–10 NUEVA VIDA

El orgullo es al carácter lo que el ático a una casa: está
en la parte más alta y, por lo general, está vacío.
SYDNEY HOWARD GAY

Cuando viene la soberbia, viene también la deshonra; mas con los humildes está la sabiduría.
PROVERBIOS 11:2 RVR1960

Mejor es el fin de un asunto que su comienzo; mejor es la paciencia de espíritu que la altivez de espíritu.
ECLESIASTÉS 7:8 LBLA

La gente orgullosa provoca peleas; la gente humilde escucha consejos.
PROVERBIOS 13:10 TLA

Si solo tuviera un solo sermón para predicar, sería contra el orgullo.
G. K. CHESTERTON

Al orgullo le sigue la destrucción; a la altanería, el fracaso.
PROVERBIOS 16:18 NVI

El malo, por la altivez de su rostro, no busca a Dios; no hay Dios en ninguno de sus pensamientos.
SALMOS 10:4 RVR1960

Qué bien le queda al orgulloso que lo llamen "¡Malcriado y vanidoso!"
PROVERBIOS 21:24 TLA

56

salvación

Mientras no reconozcamos nuestro pecado, nos
mantendremos convencidos que no hemos hecho nada
malo. Pero cuando el Espíritu de Dios toma control
de nuestras vidas, comenzamos a entender nuestra
necesidad de salvación y al único que nos la puede dar.
El tema de la salvación de Dios aparece en el Antiguo
Testamento, pero viene a fructificar en la vida, muerte y
resurrección de su Hijo, Jesús. A través de Él, las personas
son salvas al responder a su ruego por redención.

Cristo es la piedra que ustedes, los constructores, despreciaron, pero él ha llegado a ser la piedra más importante del edificio.
Salmo 118:22

Por medio de ningún otro es posible salvarse del castigo del pecado; porque no hay otro nombre dado entre los hombres, debajo del cielo, por el que podamos ser salvos.
Hechos 4:11–12 nueva vida

El Señor es mi fuerza y mi cántico; él es mi salvación. Él es mi Dios, y lo alabaré; es el Dios de mi padre, y lo enalteceré.
Éxodo 15:2 nvi

Jehová ha hecho notoria su salvación; a vista de las naciones ha descubierto su justicia.
Salmos 98:2 rvr1960

Pues él se agrada de su pueblo y da la victoria a los humildes. ¡Alabémoslo con danzas! ¡Cantémosle himnos con música de arpas y panderos!
Salmos 149:3–4 tla

> *La seguridad no depende de nuestro concepto de ausencia de peligro. La seguridad se encuentra en la presencia de Dios, en el centro de su perfecta voluntad.*
> T. J. Bach

Mi Dios, mi roca en quien me refugio; mi escudo y el cuerno de mi salvación, mi altura inexpugnable y mi refugio; salvador mío, tú me salvas de la violencia.
2 Samuel 22:3 lbla

Pero yo confío en tu gran amor; mi corazón se alegra en tu salvación.
Salmos 13:5 nvi

Lo único que tenemos y que contribuye a nuestra salvación
es el pecado que hace necesaria la salvación.
WILLIAM TEMPLE

Lejos está de los impíos la salvación, porque no buscan tus estatutos.
SALMOS 119:155 RVR1960

No me da vergüenza anunciar esta buena noticia. Gracias al poder de Dios, todos los que la escuchan y creen en Jesús son salvados; no importa si son judíos o no lo son.
ROMANOS 1:16 TLA

Trabajamos juntos con Dios. Pedimos desde lo más profundo de nuestro corazón que no reciban el favor de Dios para luego malgastarlo. Las sagradas escrituras dicen: "Te oí en el tiempo aceptable. Te ayudé en aquel día para salvarte de la culpa del pecado. Hoy es el día aceptable. ¡Escucha! Hoy es el día para ser salvo."
2 CORINTIOS 6:1–2 NUEVA VIDA

En Él también vosotros, después de escuchar el mensaje de la verdad, el evangelio de vuestra salvación, y habiendo creído, fuisteis sellados en Él con el Espíritu Santo de la promesa, que nos es dado como garantía de nuestra herencia, con miras a la redención de la posesión adquirida de Dios, para alabanza de su gloria.
EFESIOS 1:13-14 LBLA

Jesús no te salvó para que pudieras viajar al cielo en un
transatlántico de lujo. ¡Él quiere que le seas útil en su Reino!
En el momento mismo en que alcanzaste la salvación, Él te
matriculó en su escuela: la escuela del sufrimiento y la aflicción.
DAVID WILKERSON

Así que, mis queridos hermanos, como han obedecido siempre —no sólo en mi presencia sino mucho más ahora en mi ausencia— lleven a cabo su salvación con temor y temblor, pues Dios es quien produce en ustedes tanto el querer como el hacer para que se cumpla su buena voluntad.

FILIPENSES 2:12–13 NVI

Más bien busquen todo lo que sea bueno y ayude a su espíritu, así como los niños recién nacidos buscan desesperadamente la leche de su madre. Si lo hacen así, serán mejores cristianos y Dios los salvará, pues ustedes han comprobado que el Señor es bueno.

1 PEDRO 2:2–3 TLA

Alzad a los cielos vuestros ojos, y mirad abajo a la tierra; porque los cielos serán deshechos como humo, y la tierra se envejecerá como ropa de vestir, y de la misma manera perecerán sus moradores; pero mi salvación será para siempre, mi justicia no perecerá.

ISAÍAS 51:6 RVR1960

> *Dios no es otro que el Salvador de nuestras miserias. Por eso, solo podemos conocer bien a Dios mediante reconocer nuestras iniquidades… Los que han conocido a Dios sin conocer su bajeza no lo han glorificado a Él sino que se han glorificado a ellos mismos.*
>
> BLAISE PASCAL

Y así como está decretado que los hombres mueran una sola vez, y después de esto, el juicio, así también Cristo, habiendo sido ofrecido una vez para llevar los pecados de muchos, aparecerá por segunda vez, sin relación con el pecado, para salvación de los que ansiosamente le esperan.

HEBREOS 9:27–28 LBLA

57

Pecado

Nuestro Dios santo no puede tolerar el pecado por
eso, desde la caída de Adán y Eva, la humanidad
ha estado separada de Dios. Sin embargo, nuestro
compasivo Señor no aceptó esa separación por lo que
envió a su Hijo, Jesús, como un sacrificio por nuestro
pecado. La justicia fue satisfecha y nosotros pudimos
reunirnos con nuestro Señor mediante la fe. Pero
para los creyentes, cada día requiere que resistamos
el pecado y obedezcamos a nuestro Salvador.

El Señor descendió en la nube y se puso junto a Moisés. Luego le dio a conocer su nombre: pasando delante de él, proclamó: —El Señor, el Señor, Dios clemente y compasivo, lento para la ira y grande en amor y fidelidad, que mantiene su amor hasta mil generaciones después, y que perdona la iniquidad, la rebelión y el pecado; pero que no deja sin castigo al culpable, sino que castiga la maldad de los padres en los hijos y en los nietos, hasta la tercera y la cuarta generación.
Éxodo 34:5–7 NVI

> *El pecado es malo no por el daño que me hace a mí, o a mi esposa, o a mi hijo, o a mi vecino, sino porque es un acto de rebeldía contra el majestuoso Dios, infinitamente santo.*
> JERRY BRIDGES

Ten piedad de mí, oh Dios, conforme a tu misericordia; conforme a la multitud de tus piedades borra mis rebeliones. Lávame más y más de mi maldad, y límpiame de mi pecado. Porque yo reconozco mis rebeliones, y mi pecado está siempre delante de mí. Contra ti, contra ti solo he pecado, y he hecho lo malo delante de tus ojos; para que seas reconocido justo en tu palabra, y tenido por puro en tu juicio.
Salmos 51:1–4 RVR1960

Cristo hizo suyos nuestros pecados, y por eso murió en la cruz. Lo hizo para que nosotros dejemos por completo de hacer el mal y vivamos haciendo el bien. Cristo fue herido para que ustedes fueran sanados.
1 Pedro 2:24 TLA

Al día siguiente, Juan el bautista vio a Jesús viniendo hacia él. Y les dijo: "¡Miren! ¡El Cordero de Dios que quita el pecado del mundo!"
Juan 1:29 NUEVA VIDA

He aquí, yo nací en iniquidad, y en pecado me concibió mi madre.
SALMOS 51:5 LBLA

El salario del justo es la vida; la ganancia del malvado es el pecado.
PROVERBIOS 10:16 NVI

Por tanto, como el pecado entró en el mundo por un hombre, y por el pecado la muerte, así la muerte pasó a todos los hombres, por cuanto todos pecaron. Pues antes de la ley, había pecado en el mundo; pero donde no hay ley, no se inculpa de pecado.
ROMANOS 5:12–13 RVR1960

> *Jesús fue Dios y hombre en una persona, hombre y Dios que volverán a estar felizmente juntos de nuevo.*
> GEORGE WHITEFIELD

Cristo nunca pecó. Pero Dios lo trató como si hubiera pecado, para declararnos inocentes por medio de Cristo.
2 CORINTIOS 5:21 TLA

Entonces Jesús les contestó: "En verdad, les digo, cualquiera que peca es como el hombre que es siervo de alguien y tiene que trabajar sin pago alguno. Y el pecado lo tiene preso."
JUAN 8:34 NUEVA VIDA

Pues los caminos del hombre están delante de los ojos del SEÑOR, y El observa todos sus senderos. De sus propias iniquidades será presa el impío, y en los lazos de su pecado quedará atrapado. Morirá por falta de instrucción, y por su mucha necedad perecerá.
PROVERBIOS 5:21–23 LBLA

Sabemos, en efecto, que la ley es espiritual. Pero yo soy meramente humano, y estoy vendido como esclavo al pecado. No entiendo lo que me pasa, pues no hago lo que quiero, sino lo que aborrezco. Ahora bien, si hago lo que no quiero, estoy de acuerdo en que la ley es buena; pero, en ese caso, ya no soy yo quien lo lleva a cabo sino el pecado que habita en mí. Yo sé que en mí, es decir, en mi naturaleza pecaminosa, nada bueno habita. Aunque deseo hacer lo bueno, no soy capaz de hacerlo. De hecho, no hago el bien que quiero, sino el mal que no quiero.
ROMANOS 7:14–19 NVI

Todo aquel que permanece en él, no peca; todo aquel que peca, no le ha visto, ni le ha conocido.
1 JUAN 3:6 RVR1960

Cuando Jesucristo murió, el pecado perdió para siempre su poder sobre él. La vida que ahora vive, es para agradar a Dios. De igual manera, el pecado ya no tiene poder sobre ustedes, sino que Cristo les ha dado vida, y ahora viven para agradar a Dios. Algún día sus cuerpos serán destruidos, así que no dejen que el pecado los obligue a obedecer los deseos de su cuerpo. Ustedes ya han muerto al pecado, pero ahora han vuelto a vivir. Así que no dejen que el pecado los use para hacer lo malo. Más bien, entréguense a Dios, y hagan lo que a él le agrada. Así el pecado ya no tendrá poder sobre ustedes, porque ya no son esclavos de la ley. Ahora están al servicio del amor de Dios.
ROMANOS 6:10–14 TLA

Debemos saber dónde radica nuestra debilidad personal. Una vez que la identifiquemos debemos ser inflexibles con ella.
ALISTAIR BEGG

Entonces, ¿qué haremos? ¿Pecaremos porque tenemos el favor de Dios y no vivimos bajo la ley judía? ¡No! ¡De ninguna manera! ¿No saben que cuando personas se entregan a otro como sus siervos, ése es su dueño? Si se entregan al pecado, el fin es la muerte. Y si ustedes se dan a sí mismos a Dios, el fin es el estar bien con Dios. Antes, estaban bajo el poder del pecado. Ahora, hacen, con todo su corazón, las enseñanzas que fueron dadas a ustedes. ¡Gracias a Dios por esto! Fueron libertados del poder del pecado. Ahora, es el estar bien con Dios que tiene el poder sobre sus vidas.

ROMANOS 6:15–18 NUEVA VIDA

Pero ahora, habiendo sido libertados del pecado y hechos siervos de Dios, tenéis por vuestro fruto la santificación, y como resultado la vida eterna. Porque la paga del pecado es muerte, pero la dádiva de Dios es vida eterna en Cristo Jesús Señor nuestro.

ROMANOS 6:22–24 LBLA

Después de sufrir por el pecado viene el gozo del perdón.

A. W. PINK

Porque cuando nuestra naturaleza pecaminosa aún nos dominaba, las malas pasiones que la ley nos despertaba actuaban en los miembros de nuestro cuerpo, y dábamos fruto para muerte. Pero ahora, al morir a lo que nos tenía subyugados, hemos quedado libres de la ley, a fin de servir a Dios con el nuevo poder que nos da el Espíritu, y no por medio del antiguo mandamiento escrito.

ROMANOS 7:5–6 NVI

Temblad, y no pequéis; meditad en vuestro corazón estando en vuestra cama, y callad.

SALMOS 4:4 RVR1960

Confesar tu pecado no daña tu felicidad. La infelicidad está en no confesar.

C. H. SPURGEON

No tengan relaciones sexuales prohibidas. Ese pecado le hace más daño al cuerpo que cualquier otro pecado.
1 Corintios 6:18 TLA

Si Cristo está en ustedes, sus espíritus viven, porque están en paz con Dios y, no obstante, sus cuerpos están muertos, por causa del pecado.
Romanos 8:10 Nueva Vida

Si confesamos nuestros pecados, El es fiel y justo para perdonarnos los pecados y para limpiarnos de toda maldad.
1 Juan 1:9 LBLA

En mi corazón atesoro tus dichos para no pecar contra ti.
Salmos 119:11 NVI

Así que, hermanos, deudores somos, no a la carne, para que vivamos conforme a la carne; porque si vivís conforme a la carne, moriréis; mas si por el Espíritu hacéis morir las obras de la carne, viviréis. Porque todos los que son guiados por el Espíritu de Dios, éstos son hijos de Dios.
Romanos 8:12–14 RVR1960

Entonces Pedro vino a Jesús y le dijo: "Señor, ¿cuántas veces podrá mi hermano pecar contra mí y yo perdonarle? ¿Hasta siete veces?" Jesús le dijo: "No te digo siete veces, sino aun hasta setenta veces siete."
Mateo 18:21–22 Nueva Vida

El orgullo de un pueblo es que se haga justicia; la desgracia de los pueblos es que se cometa pecado.
Proverbios 14:34 TLA

O el pecado está sobre tus hombros o está en Cristo, el Cordero de Dios.
Martin Lutero

58

Fruto espiritual

Seamos o no conscientes de ello, somos productores de frutos espirituales. En nuestro diario vivir, otros pueden ver el amor, la fe y la bondad que fluye de nuestras vidas al servir a Jesús. A medida que seamos más como Él es, nuestras vidas testificarán de su grandeza y la obra que está haciendo en nuestras vidas.

Mas el fruto del Espíritu es amor, gozo, paz, paciencia, benignidad, bondad, fidelidad, mansedumbre, dominio propio; contra tales cosas no hay ley.

GÁLATAS 5:22–23 LBLA

Dichoso el hombre que no sigue el consejo de los malvados, ni se detiene en la senda de los pecadores ni cultiva la amistad de los blasfemos, sino que en la ley del Señor se deleita, y día y noche medita en ella. Es como el árbol plantado a la orilla de un río que, cuando llega su tiempo, da fruto y sus hojas jamás se marchitan. ¡Todo cuanto hace prospera!

SALMOS 1:1–3 NVI

Guardaos de los falsos profetas, que vienen a vosotros con vestidos de ovejas, pero por dentro son lobos rapaces. Por sus frutos los conoceréis. ¿Acaso se recogen uvas de los espinos, o higos de los abrojos? Así, todo buen árbol da buenos frutos, pero el árbol malo da frutos malos.

MATEO 7:15–17 RVR1960

Dios desarrolla el fruto del Espíritu en tu vida al permitir que vivas circunstancias en las cuales eres tentado a expresar exactamente la cualidad opuesta. El desarrollo del carácter siempre implica una decisión y la tentación provee esa oportunidad.

RICK WARREN

Ustedes no me han escogido a mí; yo los he escogido a ustedes. Los he apartado para el trabajo de dar fruto. Su fruto durará y cualquier cosa que pidan al Padre en mi nombre, él se la dará.

JUAN 15:16 NUEVA VIDA

Si ustedes siguen unidos a mí, yo seguiré unido a ustedes. Ya saben que una rama no puede producir uvas si no está unida a la planta. Del mismo modo, ustedes no podrán hacer nada si no están unidos a mí. El discípulo que sigue unido a mí, y yo unido a él, es como una rama que da mucho fruto; pero si uno de ustedes se separa de mí, no podrá hacer nada. Si alguno no sigue unido a mí, le pasará lo mismo que a las ramas que no dan fruto: las cortan, las tiran y cuando se secan les prenden fuego.
Juan 15:4–6 tla

Por tanto, hermanos míos, también a vosotros se os hizo morir a la ley por medio del cuerpo de Cristo, para que seáis unidos a otro, a aquel que resucitó de entre los muertos, a fin de que llevemos fruto para Dios.
Romanos 7:4 lbla

El fruto del Espíritu no obliga, no impulsa, no se encarama, no controla, no atropella... La vida es más que un salto a lo alto.
Richard J. Foster

Porque ustedes antes eran oscuridad, pero ahora son luz en el Señor. Vivan como hijos de luz (el fruto de la luz consiste en toda bondad, justicia y verdad) y comprueben lo que agrada al Señor.
Efesios 5:8–10 nvi

La personalidad del cristiano está escondida muy dentro de nosotros. No se ve, como la sopa que lleva el mesero en una sopera a la altura de la cabeza. Nadie sabe qué hay adentro a menos que el mesero tenga un traspié. De igual manera,, nadie sabrá qué hay dentro de nosotros hasta que tropecemos. Pero si Cristo vive en nosotros, lo que salpicará será el fruto del Espíritu.
Henry Wingblade

59

Dones espirituales

¿Sabías que tú eres una persona con dones? Dios te ha
dado un paquete de dones espirituales que te va a costar
toda la vida desempacar. Tu combinación especial de
dones ha sido diseñada para que lleves a cabo el ministerio
que Dios tiene en mente para que realices. Desenvuelve
hoy día tu don y ponlo a trabajar al servicio del Señor.

El Espíritu Santo trabaja en cada persona de diferente manera para provecho de todos. A una persona le es dado hablar palabras de sabiduría. A otra persona le es dado el enseñar lo que ha aprendido y sabe. Estos dones son dados por el mismo Espíritu Santo. Uno recibe el don de la fe; y otro, por el mismo Espíritu, recibe el don de sanar a los enfermos. Uno recibe el don de hacer obras poderosas, y otro recibe el de hablar en nombre de Dios. Una persona recibe el don de distinguir entre el Espíritu Santo y los espíritus malos, y otra recibe el de hablar en lenguas. Todavía otra persona recibe el don de interpretar estas lenguas angelicales. El mismo Espíritu Santo, el Espíritu de Dios, es quien hace todas las cosas Él da a cada persona lo que quiere dar.

1 Corintios 12:7–11 nueva vida

Ahora bien, hay diversidad de dones, pero el Espíritu es el mismo. Y hay diversidad de ministerios, pero el Señor es el mismo.

1 Corintios 12:4–5 lbla

Por la gracia que se me ha dado, les digo a todos ustedes: Nadie tenga un concepto de sí más alto que el que debe tener, sino más bien piense de sí mismo con moderación, según la medida de fe que Dios le haya dado. Pues así como cada uno de nosotros tiene un solo cuerpo con muchos miembros, y no todos estos miembros desempeñan la misma función, también nosotros, siendo muchos, formamos un solo cuerpo en Cristo, y cada miembro está unido a todos los demás. Tenemos dones diferentes, según la gracia que se nos ha dado. Si el don de alguien es el de profecía, que lo use en proporción con su fe; si es el de prestar un servicio, que lo preste; si es el de enseñar, que enseñe; si es el de animar a otros, que los anime; si es el de socorrer a los necesitados, que dé con generosidad; si es el de dirigir, que dirija con esmero; si es el de mostrar compasión, que lo haga con alegría.

Romanos 12:3–8 nvi

En la iglesia, Dios le dio una función a cada una de las partes. En primer lugar, puso apóstoles; en segundo lugar, puso profetas, y en tercer lugar, puso maestros. También hay algunos que hacen milagros, y otros que tienen la capacidad de sanar a los enfermos; algunos ayudan, otros dirigen, y aun otros hablan en idiomas desconocidos.

1 CORINTIOS 12:28 TLA

> *Los dones espirituales que has recibido no te fueron dados para tu propio beneficio sino para el beneficio de otros así como a otros les fueron dados dones para que te beneficiaran a ti.*
>
> RICK WARREN

¿Cómo escaparemos nosotros, si descuidamos una salvación tan grande? La cual, habiendo sido anunciada primeramente por el Señor, nos fue confirmada por los que oyeron, testificando Dios juntamente con ellos, con señales y prodigios y diversos milagros y repartimientos del Espíritu Santo según su voluntad.

HEBREOS 2:3–4 RVR1960

> *¿Tienes dones espirituales que has guardado en una bodega y no los estás usando? ¡Sácalos de allí! ¡Despeja ese lugar!*
>
> KATHERINE WALDEN

Sigan este amor y busquen los dones que da el Espíritu Santo. Sobre todo, busquen el don de hablar el mensaje de Dios.

1 CORINTIOS 14:1 NUEVA VIDA

60

Refrigerio espiritual

A veces nuestras almas se ven afligidas por días de
sequedad. Cuando esto ocurre es que necesitamos
buscar a Jesús para pasar un tiempo de refrigerio
espiritual con Él. La sequedad no perdurará mucho
tiempo cuando buscamos esa relación con Él.

Porque así dice el Alto y Sublime que vive para siempre, cuyo nombre es Santo: Habito en lo alto y santo, y también con el contrito y humilde de espíritu, para vivificar el espíritu de los humildes y para vivificar el corazón de los contritos.

ISAÍAS 57:15 LBLA

> *Saqué de mi mente todo lo que quisiera robarme el sentido de presencia de Dios…E hice un asunto principal en mi vida permanecer en su santa presencia… Mi alma ha tenido una habitual, silenciosa y secreta conversación con Dios.*
>
> BROTHER LAWRENCE

»Los israelitas deberán observar el sábado. En todas las generaciones futuras será para ellos un pacto perpetuo, una señal eterna entre ellos y yo. En efecto, en seis días hizo el SEÑOR los cielos y la tierra, y el séptimo día descansó.»

ÉXODO 31:16–17 NVI

Fíate de Jehová de todo tu corazón, y no te apoyes en tu propia prudencia. Reconócelo en todos tus caminos, y él enderezará tus veredas. No seas sabio en tu propia opinión; teme a Jehová, y apártate del mal; porque será medicina a tu cuerpo, y refrigerio para tus huesos.

PROVERBIOS 3:5–8 RVR1960

> *El avivamiento no es solo un toque emocional; es un control absoluto.*
>
> NANCY LEIGHT DEMOSS

Pero ustedes deben sentir dolor por sus pecados y apartarse de ellos. Deben volverse hacia Dios para que sus pecados sean borrados. Entonces, sus almas recibirán nuevas fuerzas del Señor. Y enviará de nuevo al mundo a Jesús, que es para ustedes, el Cristo, escogido y anunciado desde hace mucho tiempo.

HECHOS 3:19–20 NUEVA VIDA

61

Éxito

A menudo, la Biblia llama al éxito «prosperidad» y la describe no solo como logros terrenales sino también como una vida espiritual efectiva. Vez tras vez, Dios promete prosperar a su pueblo si éste hace su voluntad.

Solamente esfuérzate y sé muy valiente, para cuidar de hacer conforme a toda la ley que mi siervo Moisés te mandó; no te apartes de ella ni a diestra ni a siniestra, para que seas prosperado en todas las cosas que emprendas. Nunca se apartará de tu boca este libro de la ley, sino que de día y de noche meditarás en él, para que guardes y hagas conforme a todo lo que en él está escrito; porque entonces harás prosperar tu camino, y todo te saldrá bien.

JOSUÉ 1:7–8 RVR1960

Guardad, pues, las palabras de este pacto y ponedlas en práctica, para que prosperéis en todo lo que hagáis.

DEUTERONOMIO 29:9 LBLA

Dichoso el hombre que no sigue el consejo de los malvados, ni se detiene en la senda de los pecadores ni cultiva la amistad de los blasfemos, sino que en la ley del SEÑOR se deleita, y día y noche medita en ella. Es como el árbol plantado a la orilla de un río que, cuando llega su tiempo, da fruto y sus hojas jamás se marchitan. ¡Todo cuanto hace prospera!

SALMOS 1:1–3 NVI

> *Hay grandes positivos tanto como negativos necesarios para quien quiere alcanzar una verdadera prosperidad. Debe no solo decir no a lo incorrecto y sí a lo correcto. Debe no solo evitar sentarse en silla de escarnecedores sino que su deleite debe estar en la ley del Señor.*
>
> CLOVIS G. CHAPPEL

A los que te honran, tú les muestras cómo deben vivir. Mientras vivan, les irá bien, y sus hijos heredarán la tierra. Tú, mi Dios, te haces amigo de aquellos que te honran, y les das a conocer tu pacto.

SALMOS 25:12–14 TLA

Mas Jehová estaba con José, y fue varón próspero; y estaba en la casa de su amo el egipcio. Y vio su amo que Jehová estaba con él, y que todo lo que él hacía, Jehová lo hacía prosperar en su mano. Así halló José gracia en sus ojos, y le servía; y él le hizo mayordomo de su casa y entregó en su poder todo lo que tenía.
GÉNESIS 39:2–4 RVR1960

Y David prosperaba en todos sus caminos, pues el SEÑOR estaba con él.
1 SAMUEL 18:14 LBLA

Ezequías puso su confianza en el SEÑOR, Dios de Israel. No hubo otro como él entre todos los reyes de Judá, ni antes ni después. Se mantuvo fiel al SEÑOR y no se apartó de él, sino que cumplió los mandamientos que el SEÑOR le había dado a Moisés. El SEÑOR estaba con Ezequías, y por tanto éste tuvo éxito en todas sus empresas. Se rebeló contra el rey de Asiria y no se sometió a él.
2 REYES 18:5–7 NVI

Antes de Nehemías hablar al rey Artajerjes sobre reconstruir Jerusalén, oró por el éxito al llevar el caso ante el rey. No hay nada que no podamos pedirle a Dios buscando siempre hacer su voluntad.

Te ruego, oh Jehová, esté ahora atento tu oído a la oración de tu siervo, y a la oración de tus siervos, quienes desean reverenciar tu nombre; concede ahora buen éxito a tu siervo, y dale gracia delante de aquel varón. Porque yo servía de copero al rey.
NEHEMÍAS 1:11 RVR1960

Dios, Dios mío, ¡danos tu salvación! ¡concédenos tu victoria!
SALMOS 118:25 TLA

La humildad involucra la actitud de ser considerado
un fracaso ante todos pero menos ante Dios.
ROY M. PEARSON

Y en mi prosperidad yo dije: Jamás seré conmovido. Oh SEÑOR, con tu favor has hecho que mi monte permanezca fuerte; tú escondiste tu rostro, fui conturbado.
SALMOS 30:6–7 LBLA

A menudo, la fe se fortalece ante las frustraciones.
RODNEY MCBRIDE

Cuando te vengan buenos tiempos, disfrútalos; pero cuando te lleguen los malos, piensa que unos y otros son obra de Dios, y que el hombre nunca sabe con qué habrá de encontrarse después.
ECLESIASTÉS 7:14 NVI

Se han revuelto turbaciones sobre mí; combatieron como viento mi honor, y mi prosperidad pasó como nube.
JOB 30:15 RVR1960

Calla en presencia de Dios, y espera paciente a que actúe; no te enojes por causa de los que prosperan ni por los que hacen planes malvados.
SALMOS 37:7 TLA

El que encubre sus pecados no prosperará, mas el que los confiesa y los abandona hallará misericordia.
PROVERBIOS 28:13 LBLA

62

Suicidio

Aunque la Biblia incluye varias historias de suicidios, nunca aprueba tal acto que quebranta el sexto mandamiento. En cada uno de estos ejemplos, quienes se auto eliminan o piden a otros que les quiten la vida, no han sido seguidores fervientes de Dios en el momento que lo hicieron.

No matarás.

DEUTERONOMIO 5:17 RVR1960

Al cielo y a la tierra pongo hoy como testigos contra vosotros de que he puesto ante ti la vida y la muerte, la bendición y la maldición. Escoge, pues, la vida para que vivas, tú y tu descendencia.

DEUTERONOMIO 30:19 LBLA

La forma en que vemos la muerte determina en un sorprendente grado la forma en que vivimos nuestras vidas.

BILLY GRAHAM

Una mujer le arrojó sobre la cabeza una piedra de moler y le partió el cráneo. De inmediato llamó Abimélec a su escudero y le ordenó: «Saca tu espada y mátame, para que no se diga de mí: "¡Lo mató una mujer!"» Entonces su escudero le clavó la espada, y así murió.

JUECES 9:53–54 NVI

Asió luego Sansón las dos columnas de en medio, sobre las que descansaba la casa, y echó todo su peso sobre ellas, su mano derecha sobre una y su mano izquierda sobre la otra. Y dijo Sansón: Muera yo con los filisteos. Entonces se inclinó con toda su fuerza, y cayó la casa sobre los principales, y sobre todo el pueblo que estaba en ella. Y los que mató al morir fueron muchos más que los que había matado durante su vida.

JUECES 16:29–30 RVR1960

Entonces Judas tiró el dinero en el templo. Se fue y se ahorcó.

MATEO 27:5 NUEVA VIDA

Entonces Saúl dijo a su escudero: Saca tu espada y traspásame con ella, no sea que vengan estos incircuncisos y me traspasen y hagan burla de mí. Pero su escudero no quiso, porque tenía mucho miedo. Por lo cual Saúl tomó su espada y se echó sobre ella. Al ver su escudero que Saúl había muerto, él también se echó sobre su espada y murió con él.

1 Samuel 31:4–5 LBLA

> *Es cuando alguien no tiene a nadie que lo ame que comete suicidio. En la medida que tiene amigos, personas que lo amen y a quienes él ame, vivirá, porque vivir es amar.*
>
> Henry Drummond

Ajitofel, por su parte, al ver que Absalón no había seguido su consejo, aparejó el asno y se fue a su pueblo. Cuando llegó a su casa, luego de arreglar sus asuntos, fue y se ahorcó. Así murió, y fue enterrado en la tumba de su padre.

2 Samuel 17:23 NVI

Mas viendo Zimri tomada la ciudad, se metió en el palacio de la casa real, y prendió fuego a la casa consigo; y así murió, por los pecados que había cometido, haciendo lo malo ante los ojos de Jehová, y andando en los caminos de Jeroboam, y en su pecado que cometió, haciendo pecar a Israel.

1 Reyes 16:18–19 RVR1960

> *Nadie debe dejar la propiedad del que se la proveyó mientras el dueño no lo llame.*
>
> Thomas Adams

63

Tentación

Todos experimentamos tentaciones en diferentes formas. Sabiamente, Dios nos ha puesto en alerta de las cosas que pudieran llevarnos al pecado. ¡Huye de ellas! Si no te sientas a esperar que el pecado toque a tu puerta, con cuánta mayor razón deberíamos evitarlas.

Que nadie diga cuando es tentado: Soy tentado por Dios; porque Dios no puede ser tentado por el mal y El mismo no tienta a nadie. Sino que cada uno es tentado cuando es llevado y seducido por su propia pasión. Después, cuando la pasión ha concebido, da a luz el pecado; y cuando el pecado es consumado, engendra la muerte.

SANTIAGO 1:13–15 LBLA

Por haber sufrido [Jesús] mismo la tentación, puede socorrer a los que son tentados.

HEBREOS 2:18 NVI

Porque no tenemos un sumo sacerdote que no pueda compadecerse de nuestras debilidades, sino uno que fue tentado en todo según nuestra semejanza, pero sin pecado.

HEBREOS 4:15 RVR1960

Si no nos mantenemos orando, seguiremos siendo tentados.
JOHN OWEN

Y cuando vengan las pruebas, no permitas que ellas nos aparten de ti, y líbranos del poder del diablo.

MATEO 6:13 TLA

Quédense despiertos y oren, para que no sean tentados, porque el espíritu está listo, pero el cuerpo es débil.

MATEO 26:41 NUEVA VIDA

No puedo decir las veces que he sido atacado por la tentación. Nunca supe cuán malo era mi corazón. Pero sé que amo a Dios y amo su trabajo y deseo servirle solo a él en todo. Y aprecio por sobre todas las cosas a ese precioso Salvador en quien solamente puedo ser aceptado.
JAMES HUDSON TAYLOR

No os ha sobrevenido ninguna tentación que no sea común a los hombres; y fiel es Dios, que no permitirá que vosotros seáis tentados más allá de lo que podéis soportar, sino que con la tentación proveerá también la vía de escape, a fin de que podáis resistirla.

1 CORINTIOS 10:13 LBLA

Hermanos, si alguien es sorprendido en pecado, ustedes que son espirituales deben restaurarlo con una actitud humilde. Pero cuídese cada uno, porque también puede ser tentado.

GÁLATAS 6:1 NVI

Porque los que quieren enriquecerse caen en tentación y lazo, y en muchas codicias necias y dañosas, que hunden a los hombres en destrucción y perdición.

1 TIMOTEO 6:9 RVR1960

Las tentaciones, cuando las enfrentamos por primera vez, son como el león que se abalanzó sobre Sansón, pero si lo derrotamos, la próxima vez que lo veamos encontraremos en él un panal de miel.

JOHN BUNYAN

Hermanos en Cristo, ustedes deben sentirse muy felices cuando pasen por toda clase de dificultades.

SANTIAGO 1:2 TLA

Por esto, den su vida a Dios, resistan al diablo, y éste huirá de ustedes.

SANTIAGO 4:7 NUEVA VIDA

El hombre que no se desespera cuando las pruebas llegan es feliz, porque cuando las pruebas pasen recibirá el premio de vida. Dios así lo ha prometido a aquellos que le aman. Cuando sean provocados a hacer el mal, nunca digan: "Dios me provocó a hacer el mal." Dios no puede ser tentado, y él nunca provoca a nadie al mal. Un hombre es atraído a hacer el mal cuando permite que sus malos pensamientos lo aconsejen.

SANTIAGO 1:12–14 NUEVA VIDA

La Biblia nos enseña cómo enfrentar las tentaciones. Hay un mandamiento que dice: ¡Huye! Aléjate de él…porque cada batalla contra la lujuria en nuestras propias fuerzas está condenada al fracaso.

DIETRICH BONHOEFFER

Huye, pues, de las pasiones juveniles y sigue la justicia, la fe, el amor y la paz, con los que invocan al SEÑOR con un corazón puro.

2 TIMOTEO 2:22 LBLA

Huid de la fornicación. Cualquier otro pecado que el hombre cometa, está fuera del cuerpo; mas el que fornica, contra su propio cuerpo peca.

1 CORINTIOS 6:18 RVR1960

Por eso, ninguno de los dos debe decirle al otro que no desea tener relaciones sexuales. Sin embargo, pueden ponerse de acuerdo los dos y dejar de tener relaciones por un tiempo, para dedicarse a orar. Pero después deben volver a tener relaciones; no vaya a ser que, al no poder controlar sus deseos, Satanás los haga caer en una trampa.

1 CORINTIOS 7:5 TLA

64

Terrorismo

Podemos recordar aquellos tiempos cuando terrorismo era una palabra aplicable a otras naciones. Vivíamos en una tierra no alcanzada por la violencia y el peligro de otros. Pero hoy día, el terrorismo es un miedo real que a menudo amenaza con superarnos.

No importa lo que experimentemos, nada es más grande que Dios. Él nos protege y nos anima de la misma manera como llama al terrorista a dejar ese camino y volverse a Él. Cuando la gente vuelve sus corazones al Dios de la vida, la venganza se desvanece.

No mates.
ÉXODO 20:13 NVI

Quienes experimentan los perjuicios del terrorismo pueden
también estar seguros que Dios no los ha olvidado. Él
es el Juez que no perdona las acciones terroristas.

Y pasando Jehová por delante de él, proclamó: ¡Jehová! ¡Jehová!
fuerte, misericordioso y piadoso; tardo para la ira, y grande en
misericordia y verdad; que guarda misericordia a millares, que
perdona la iniquidad, la rebelión y el pecado, y que de ningún
modo tendrá por inocente al malvado; que visita la iniquidad de
los padres sobre los hijos y sobre los hijos de los hijos, hasta la
tercera y cuarta generación.
ÉXODO 34:6–7 RVR1960

Hermanos cristianos, no tomen venganza nunca de alguien por
el mal que les ha hecho. Dejen que la ira de Dios caiga sobre
esa persona, porque la escritura dice: "Mía es la venganza; yo
pagaré, dice el SEÑOR."
ROMANOS 12:19 NUEVA VIDA

A la postre, Dios es el único que enderezará lo torcido. La
venganza es terrorismo porque no reconoce la legalidad y la
justicia del juicio que Dios llevará a efecto en su tiempo.
LOU PRIOLO

Pero Dios está en su santo templo; desde su palacio celestial
vigila a la humanidad entera. Dios pone a prueba a los justos; él
mismo los examina, pero odia con toda su alma a los malvados y
a los violentos.
SALMOS 11:4–5 TLA

Tememos tanto al hombre porque tememos muy poco a Dios.
Un miedo cura a otro miedo. Cuando el terror del hombre
te amedrente, vuelve tus pensamientos a la ira de Dios.
WILLIAM GURNALL

Y no temáis a los que matan el cuerpo, pero no pueden matar el alma; más bien temed a aquel que puede hacer perecer tanto el alma como el cuerpo en el infierno.
MATEO 10:28 LBLA

El que secuestre a otro y lo venda, o al ser descubierto lo tenga aún en su poder, será condenado a muerte.
ÉXODO 21:16 NVI

Cuando fuere hallado alguno que hubiere hurtado a uno de sus hermanos los hijos de Israel, y le hubiere esclavizado, o le hubiere vendido, morirá el tal ladrón, y quitarás el mal de en medio de ti.
DEUTERONOMIO 24:7 RVR1960

Así dice el SEÑOR: "Practicad el derecho y la justicia, y librad al despojado de manos de su opresor. Tampoco maltratéis ni hagáis violencia al extranjero, al huérfano o a la viuda, ni derraméis sangre inocente en este lugar."
JEREMÍAS 22:3 LBLA

Lo terrible del terrorismo es que termina
destruyendo a los que lo practican.
TERRY WAITE

El que mata a otro no merece ayuda. ¡Tarde o temprano le pasará lo mismo!
PROVERBIOS 28:17 TLA

*La más peligrosa violencia espiritual es la que hace que nuestra
voluntad se descarríe por un falso entusiasmo que parece venir
de Dios pero que en realidad está inspirado por la pasión.*
THOMAS MERTON

El justo se ve coronado de bendiciones, pero la boca del malvado
encubre violencia.
PROVERBIOS 10:6 NVI

Del fruto de su boca el hombre comerá el bien; mas el alma de
los prevaricadores hallará el mal.
PROVERBIOS 13:2 RVR1960

*Lo más terrible de la guerra es que llena nuestros corazones
con odio en lugar de con amor hacia nuestro prójimo.*
ROBERT E. LEE

¡Que se mueran los malvados, esas naciones que no te conocen
ni te toman en cuenta!
SALMOS 9:17 TLA

Con arrogancia el impío acosa al afligido; ¡que sea atrapado en
las trampas que ha urdido!
SALMOS 10:2 LBLA

El SEÑOR es mi roca, mi amparo, mi libertador; es mi Dios, el
peñasco en que me refugio. Es mi escudo, el poder que me
salva, ¡mi más alto escondite! Él es mi protector y mi salvador. ¡Tú
me salvaste de la violencia!
2 SAMUEL 22:2–3 NVI

Con sus plumas te cubrirá, y debajo de sus alas estarás seguro;
escudo y adarga es su verdad. No temerás el terror nocturno, ni
saeta que vuele de día, ni pestilencia que ande en oscuridad, ni
mortandad que en medio del día destruya.
SALMOS 91:4–6 RVR1960

65

El pobre

Contrariamente a la creencia popular, el pobre no ha sido dejado de la mano de Dios. Él a menudo usa a las personas para ayudar con sus necesidades a los pobres y llama a los cristianos a ayudar a quienes carecen de dinero. Pero nuestro Señor también advierte contra la conducta que lleva a la pobreza y anima a los creyentes a dar lo mejor en su trabajo.

No seas mezquino sino generoso, y así el Señor tu Dios bendecirá todos tus trabajos y todo lo que emprendas. Gente pobre en esta tierra, siempre la habrá; por eso te ordeno que seas generoso con tus hermanos hebreos y con los pobres y necesitados de tu tierra.

Deuteronomio 15:10–11 nvi

No oprimirás al jornalero pobre y menesteroso, ya sea de tus hermanos o de los extranjeros que habitan en tu tierra dentro de tus ciudades.

Deuteronomio 24:14 rvr1960

*Dar según tus ingresos hace que Dios haga que
tus ingresos sean según lo que das.*

Oswald J. Smith

El Señor empobrece y enriquece; humilla y también exalta. Levanta del polvo al pobre, del muladar levanta al necesitado para hacerlos sentar con los príncipes, y heredar un sitio de honor; pues las columnas de la tierra son del Señor, y sobre ellas ha colocado el mundo.

1 Samuel 2:7–8 lbla

El rey librará a los pobres cuando ellos le pidan ayuda; salvará a los afligidos que no tienen quién los ayude. Tendrá compasión de los pobres y salvará a los necesitados y a los desvalidos. Los librará de quienes los oprimen y los tratan con violencia, porque la vida de ellos es muy valiosa para él.

Salmos 72:12–14 tla

*Aunque pobre de cosas de este mundo, aunque tengas que lamentar
la pérdida de tus seres queridos, aunque sufras en tu cuerpo,
aunque acosado por el pecado y por Satanás, aunque odiado y
perseguido por los mundanos, cualquiera sea el caso de muchos
cristianos, es tu privilegio y tu deber regocijarte en el Señor.*

A. W. Pink

Jesús miró a sus seguidores y les dijo: "Los de ustedes que ahora son pobres, alégrense, porque el reino de Dios es de ustedes. Ustedes que tienen hambre, alégrense, porque serán llenados. Aquellos de ustedes que ahora sufren, alégrense, porque reirán. Sean felices cuando los hombres les odien o no les quieran o hablen mal de ustedes porque ustedes confían y creen en mí. Alégrense en aquel día y gócense, porque su pago será mucho en el cielo. Los padres de los hombres malos hicieron las mismas cosas con los antiguos predicadores.
Lucas 6:20–23 NUEVA VIDA

De todas las criaturas de Dios, solo el hombre es pobre.
JANE WELSH CARLYLE

No temas, rebaño pequeño, porque vuestro Padre ha decidido daros el reino. Vended vuestras posesiones y dad limosnas; haceos bolsas que no se deterioran, un tesoro en los cielos que no se agota, donde no se acerca ningún ladrón ni la polilla destruye.
Lucas 12:32–33 LBLA

Los pobres verán esto y se alegrarán; ¡reanímense ustedes, los que buscan a Dios! Porque el Señor oye a los necesitados, y no desdeña a su pueblo cautivo.
Salmos 69:32–33 NVI

La mano del pobre es el tesoro de Cristo.
HENRY ALFORD

El que ayuda al pobre siempre tendrá de todo; el que no ayuda al pobre terminará en la desgracia.
Proverbios 28:27 TLA

Cada uno dé como propuso en su corazón: no con tristeza, ni por necesidad, porque Dios ama al dador alegre. Y poderoso es Dios para hacer que abunde en vosotros toda gracia, a fin de que, teniendo siempre en todas las cosas todo lo suficiente, abundéis para toda buena obra; como está escrito: Repartió, dio a los pobres; Su justicia permanece para siempre.
2 Corintios 9:7–9 rvr1960

El generoso será bendito, porque da de su pan al pobre.
Proverbios 22:9 lbla

Jesús le dijo: "Si quieres ser perfecto, anda, vende todo lo que tienes y entrega el dinero a los pobres; entonces tendrás riquezas en el cielo. Luego, ven y sígueme." Cuando el joven oyó estas palabras, se fue triste, porque era muy rico. Jesús dijo a sus seguidores: "En verdad les digo que al rico le será difícil entrar en el reino de los cielos. De nuevo les digo que es más fácil que un camello pase por el ojo de una aguja que un rico entre en el reino de los cielos."
Mateo 19:21–24 nueva vida

Zaqueo se puso en pie y le dijo al Señor: "Mira, Señor, doy a los pobres la mitad de todo lo que es mío; y si a alguien le he quitado de más, le devolveré cuatro veces."
Lucas 19:8 nueva vida

El pobre trabaja para el rico; el que pide prestado, se hace esclavo del prestamista.
Proverbios 22:7 tla

Al pobre hasta sus amigos lo aborrecen, pero son muchos los que aman al rico.
Proverbios 14:20 nvi

Y vino palabra de Jehová a Zacarías, diciendo: Así habló Jehová de los ejércitos, diciendo: Juzgad conforme a la verdad, y haced misericordia y piedad cada cual con su hermano; no oprimáis a la viuda, al huérfano, al extranjero ni al pobre; ni ninguno piense mal en su corazón contra su hermano.

ZACARÍAS 7:8–10 RVR1960

Un doble estándar en cuanto a justicia que se niegue al pobre no es nada nuevo en el mundo. Dios advirtió contra esto en su Ley, y seguimos luchando contra ello en el día de hoy.

No pervertirás el derecho de tu hermano menesteroso
en su pleito.
ÉXODO 23:6 LBLA

No perviertas la justicia, ni te muestres parcial en favor del pobre
o del rico, sino juzga a todos con justicia.
LEVÍTICO 19:15 NVI

Conoce el justo la causa de los pobres;
mas el impío no entiende sabiduría.
PROVERBIOS 29:7 RVR1960

El rico que roba al pobre para hacerse más rico,
acabará en la miseria.
PROVERBIOS 22:16 TLA

Los que pretenden alcanzar grandes cosas, deberán madrugar. El amor no duerme y pueden terminar sin nada.
MATTHEW HENRY

Los proyectos del diligente ciertamente son ventaja, mas todo el que se apresura, ciertamente llega a la pobreza.
PROVERBIOS 21:5 LBLA

El que desprecia a la disciplina sufre pobreza y deshonra; el que atiende a la corrección recibe grandes honores.
PROVERBIOS 13:18 NVI

En toda labor hay fruto; mas las vanas palabras de los labios empobrecen.
PROVERBIOS 14:23 RVR1960

El que trabaja tendrá suficiente comida; el que no trabaja acabará en la pobreza.
PROVERBIOS 28:19 TLA

No estés con los bebedores de vino, ni con los comilones de carne, porque el borracho y el glotón se empobrecerán, y la somnolencia se vestirá de harapos.
PROVERBIOS 23:20–21 LBLA

> *Así como la codicia es la raíz de todos los males,*
> *la pobreza es la peor de todas las trampas.*
> DANIEL DEFOE

La riqueza del rico es su baluarte; la pobreza del pobre es su ruina.
PROVERBIOS 10:15 NVI

Vanidad y palabra mentirosa aparta de mí; no me des pobreza ni riquezas; mantenme del pan necesario.
PROVERBIOS 30:8 RVR1960

66

Tolerancia

La Escritura no dice que los cristianos tienen que aceptar la idea moderna de tolerancia, que acepta cualquiera idea y raramente confronta las creencias de los demás; no podemos simplemente ignorar las diferencias entre nosotros y los que no creen. Dios nos manda a compartir el evangelio pero también nos llama a mantener un estándar de vida más alto que la tolerancia. Tenemos que amar a nuestro prójimo, desde nuestros hermanos cristianos hasta nuestros enemigos, y buscar la unidad con los demás creyentes en Cristo.

Dios amó tanto a la gente de este mundo, que me entregó a mí, que soy su único Hijo, para que todo el que crea en mí no muera, sino que tenga vida eterna. Porque Dios no me envió al mundo para condenar a la gente, sino para salvar a todos. El que cree en mí, que soy el Hijo de Dios, no será condenado por Dios. Pero el que no cree ya ha sido condenado, precisamente por no haber creído en el Hijo único de Dios.

JUAN 3:16–18 TLA

La tolerancia es la virtud de los que no tienen convicciones.

G. K. CHESTERTON

Estas buenas nuevas del reino de Dios serán predicadas en toda la tierra, y dichas a todas las naciones, y entonces vendrá el fin.

MATEO 24:14 NUEVA VIDA

Porque no me averguenzo del evangelio, pues es el poder de Dios para la salvación de todo el que cree; del judío primeramente y también del griego.

ROMANOS 1:16 LBLA

En el mundo se le llama Tolerancia, pero en el infierno se la conoce como Desesperación, el pecado que cree en nada, se preocupa de nada, busca saber nada, interfiere con nada, disfruta de nada, odia a nada, encuentra propósitos en nada, vive para nada, y sigue vivo porque no hay nada por qué morir.

DOROTHY SAYERS

Este mandamiento nuevo les doy: que se amen los unos a los otros. Así como yo los he amado, también ustedes deben amarse los unos a los otros.

JUAN 13:34 NVI

Pero yo os digo: Amad a vuestros enemigos, bendecid a los que os maldicen, haced bien a los que os aborrecen, y orad por los que os ultrajan y os persiguen; para que seáis hijos de vuestro Padre que está en los cielos, que hace salir su sol sobre malos y buenos, y que hace llover sobre justos e injustos.
MATEO 5:44–45 RVR1960

Hijos míos, si Dios nos ha amado así, nosotros también debemos amarnos los unos a los otros.
1 JUAN 4:11 TLA

Tengan amor unos a otros como hermanos cristianos. Muestren respeto unos por otros.
ROMANOS 12:10 NUEVA VIDA

> *Use la Palabra de Dios, no lo que la gente está dispuesta a aceptar, sino para fijar los estándar de lo que es bueno y de lo que es malo.*
> BRUCE BARTON

Yo, pues, prisionero del Señor, os ruego que viváis de una manera digna de la vocación con que habéis sido llamados, con toda humildad y mansedumbre, con paciencia, soportándoos unos a otros en amor, esforzándoos por preservar la unidad del Espíritu en el vínculo de la paz.
EFESIOS 4:1–3 LBLA

Por tanto, dejemos de juzgarnos unos a otros. Más bien, propónganse no poner tropiezos ni obstáculos al hermano.
ROMANOS 14:13 NVI

Antes sed benignos unos con otros, misericordiosos, perdonándoos unos a otros, como Dios también os perdonó a vosotros en Cristo.
EFESIOS 4:32 RVR1960

67

Confianza

Confianza es la clave para cualquier relación: entre padres e hijos, entre amigos y, por supuesto, entre esposos y esposas. Y confianza es, además, la piedra angular de nuestra relación con Dios. Vez tras vez, la Biblia nos habla de «confiar en el Señor». Si no podemos confiar en Él ¿en quién, entonces, vamos a confiar?

No se vuelvan a los ídolos inútiles, ni se hagan dioses de metal fundido. Yo soy el Señor su Dios.
LEVÍTICO 19:4 NVI

Será también el SEÑOR baluarte para el oprimido, baluarte en tiempos de angustia. En ti pondrán su confianza los que conocen tu nombre, porque tú, oh SEÑOR, no abandonas a los que te buscan.
SALMOS 9:9–10 LBLA

La ley de Jehová es perfecta, que convierte el alma; el testimonio de Jehová es fiel, que hace sabio al sencillo.
SALMOS 19:7 RVR1960

Dios bendice a los que en él confían. Ustedes, pueblo de Dios, vengan y prueben su bondad; verán que a quienes lo adoran nunca les falta nada. Los ricos pasarán hambre, pero a los que confían en Dios nunca les faltará nada bueno.
SALMOS 34:8–10 TLA

Pido que Dios pueda vivir en sus corazones por la fe. Y oro para que ustedes sean llenos de su amor.
EFESIOS 3:17 NUEVA VIDA

El Señor es mi fuerza y mi escudo; mi corazón en él confía; de él recibo ayuda. Mi corazón salta de alegría, y con cánticos le daré gracias.
SALMOS 28:7 NVI

Muchos dolores habrá para el impío; mas al que espera en Jehová, le rodea la misericordia.
SALMOS 32:10 RVR1960

Pon tu vida en sus manos; confía plenamente en él,
y él actuará en tu favor.
SALMOS 37:5 TLA

Cuando ejercemos poder, tenemos que hacerlo
recordando que es para Él.
ANTONY FARINDON

Porque yo no confiaré en mi arco, ni me salvará mi espada; pues
tú nos has salvado de nuestros adversarios, y has avergonzado a
los que nos aborrecen.
SALMOS 44:6–7 LBLA

Cuando siento miedo, pongo en ti mi confianza.
SALMOS 56:3 NVI

El insidioso desierto pronto hará presa de la iglesia que confía
en sus propias fuerzas y se ha olvidado de velar y orar.
A. W. TOZER

Diré yo a Jehová: Esperanza mía, y castillo mío;
mi Dios, en quien confiaré.
SALMOS 91:2 RVR1960

No temerá recibir malas noticias; su corazón está firme,
confiado en el SEÑOR.
SALMOS 112:7 LBLA

Es mejor refugiarse en el SEÑOR que confiar en el hombre.
SALMOS 118:8 NVI

68

Incredulidad

Siempre estaremos enfrentando la cuestión de si confiar
o no en Dios. Pero la lucha para evitar la incredulidad
será mucho más valiosa cuando veamos los beneficios
de confiar en Jesús y experimentar su amor.

Abraham no dudó de la promesa de Dios. Su fe en Dios era
firme. Le dio gracias a Dios, pues sabía que Dios era poderoso
para hacer lo que había prometido.
Romanos 4:20–21 NUEVA VIDA

Y el Señor amonestaba a Israel y a Judá por medio de todos
sus profetas y de todo vidente, diciendo: Volveos de vuestros
malos caminos. . . . Sin embargo, ellos no escucharon, sino que
endurecieron su cerviz como sus padres, que no creyeron en el
Señor su Dios. Desecharon sus estatutos y el pacto que Él había
hecho con sus padres, y sus advertencias con las cuales los había
amonestado. Y siguieron la vanidad y se hicieron vanos, y fueron
en pos de las naciones que los rodeaban, respecto de las cuales
el Señor les había ordenado que no hicieran como ellas.
2 Reyes 17:13–15 LBLA

El que no crece en la gracia, mengua en gracia. En religión no existe
eso de permanecer estático. O se avanza o se retrocede. Si la fe no
crece lo hará la incredulidad; si la mentalidad celestial no te hace
crecer, lo hará la codicia. Un hombre que no hace crecer sus valores
los estará reduciendo; si no mejoras tu acopio de gracia, disminuirá.

Thomas Watson

Por eso, como dice el Espíritu Santo: «Si ustedes oyen hoy su voz,
no endurezcan el corazón como sucedió en la rebelión, en aquel
día de prueba en el desierto. Allí sus antepasados me tentaron y
me pusieron a prueba, a pesar de haber visto mis obras cuarenta
años. Por eso me enojé con aquella generación, y dije: "Siempre
se descarría su corazón, y no han reconocido mis caminos."
Hebreos 3:7–10 NVI

¿Y a quiénes juró que no entrarían en su reposo, sino a aquellos
que desobedecieron? Y vemos que no pudieron entrar a causa
de incredulidad.
Hebreos 3:18–19 RVR1960

De mí dirán: "Sólo en el Señor hay justicia y fuerza." A El vendrán y serán avergonzados todos los que contra El se enojaron.
Isaías 45:24 lbla

Jesús había hecho muchos milagros delante de esa gente, pero aun así nadie creía en él. Esto sucedió porque tenía que cumplirse lo que había escrito el profeta Isaías: "Dios mío, ¿quién ha creído en nuestro mensaje? ¿A quién le has mostrado tu poder?"
Juan 12:37–38 tla

> *Solo mira a Jesús. Él murió por ti. Murió en tu lugar, murió bajo un cielo con el ceño fruncido para que nosotros pudiéramos morir bajo un cielo con una sonrisa. Ni la incredulidad ni la duda. Ni el temor al pecado ni el temor al infierno. Trátese de la vida o de la muerte. Todo esto es absorbido en la inmensidad de Cristo y han triunfado sobre su cruz.*
>
> John Fletcher

Jesús le dijo: "¿Por qué me pides eso? Para el que tiene fe todo es posible." Enseguida gritó el padre y con lágrimas en los ojos dijo: "Señor, yo tengo fe; ¡ayúdame para que mi débil fe se haga fuerte!"
Marcos 9:23–24 nueva vida

Finalmente se apareció a los once mismos, estando ellos sentados a la mesa, y les reprochó su incredulidad y dureza de corazón, porque no habían creído a los que le habían visto resucitado.
Marcos 16:14 rvr1960

> *La maldición de esta edad especialmente, es la incredulidad, que distorsiona el verdadero sentido de la Palabra de Dios y hace de ella nada más que figuras y ficción.*
>
> Catherine Booth

69

Sabiduría

La sabiduría procede de Dios, no de las personas.
Pero quienes andan cerca de Él pueden ser buenos
consejeros cuando se les requiera. Nadie debería evitar
recibir un buen consejo cuando lo necesite y para
ello, ir primero a Dios, luego a los hombres piadosos
quienes le guiarán para hacer decisiones sabias.

¡Qué profundas son las riquezas de la sabiduría y del conocimiento de Dios! ¡Qué indescifrables sus juicios e impenetrables sus caminos!
ROMANOS 11:33 NVI

No hay sabiduría, ni inteligencia, ni consejo, contra Jehová.
PROVERBIOS 21:30 RVR1960

> *Sabiduría [es] una comprensión y aplicación*
> *de los principios morales de Dios.*
> JERRY BRIDGES

El principio de la sabiduría es el temor del SEÑOR, y el conocimiento del Santo es inteligencia.
PROVERBIOS 9:10 LBLA

Dios bendice al joven que actúa con sabiduría, y que saca de ella más provecho que del oro y la plata.
PROVERBIOS 3:13–14 TLA

> *Un hombre verdaderamente humilde es consciente de su*
> *distanciamiento natural de Dios… de la insuficiencia*
> *de su propio poder y sabiduría… y de que necesita la*
> *sabiduría de Dios para que lo dirija y guíe y de su fuerza*
> *para capacitarlo para hacer lo que debe hacer para Él.*
> JONATHAN EDWARDS

No seas sabio en tu propia opinión; más bien, teme al SEÑOR y huye del mal.
PROVERBIOS 3:7 NVI

Pero, si le falta a alguien buen entendimiento, pídaselo a Dios, que él se lo dará. Está siempre listo a darlo, y nunca dice que no deben pedir.

SANTIAGO 1:5 NUEVA VIDA

> *No hay nada más errado que un acto de debilidad; a la misma vez, no hay nada más sabio que obedecer a Dios.*
>
> ALBERT BARNES

[La sabiduría] te librará de la mujer extraña, de la desconocida que lisonjea con sus palabras, la cual deja al compañero de su juventud, y olvida el pacto de su Dios.

PROVERBIOS 2:16–17 LBLA

Ciertamente la soberbia concebirá contienda; mas con los avisados está la sabiduría.

PROVERBIOS 13:10 RVR1960

Atiende al consejo y acepta la corrección, y llegarás a ser sabio.

PROVERBIOS 19:20 NVI

No busquen las riquezas, mejor busquen mis enseñanzas y adquieran mis conocimientos, pues son más valiosos que el oro y la plata. ¡Los más ricos tesoros no se comparan conmigo!

PROVERBIOS 8:10–11 TLA

¿Quién de entre ustedes es sabio y entendido? Demuéstrelo con una vida buena y por las cosas que hace, por lo que es sabio y manso.

SANTIAGO 3:13 NUEVA VIDA

70

Preocupaciones

Dios sabe que las preocupaciones pueden
fácilmente abrumarnos. Por eso es que nos dice
que no nos preocupemos y nos alienta a confiar
en Él. Cuando nuestras preocupaciones están
en sus manos, están en el mejor lugar.

Depositen en él toda ansiedad, porque él cuida de ustedes.
1 Pedro 5:7 nvi

Por nada estéis afanosos, sino sean conocidas vuestras peticiones delante de Dios en toda oración y ruego, con acción de gracias.
Filipenses 4:6 rvr1960

No vivan preocupados pensando qué van a comer, qué van a beber o qué ropa se van a poner. ¿Acaso la vida consiste sólo en comer? ¿Acaso el cuerpo sólo sirve para que lo vistan?
Mateo 6:25 tla

> *Dios nunca hará a un cristiano lo suficientemente fuerte como para cargar con sus preocupaciones de hoy y las ansiedades de mañana todas a la vez.*
> Theodore Ledyard Cuyler

¿Cuál de ustedes podrá hacer que su cuerpo crezca más alto, por más que lo ansíe?
Mateo 6:27 nueva vida

Por tanto, no os preocupéis, diciendo: "¿Qué comeremos?" o "¿qué beberemos?" o "¿con qué nos vestiremos?"
Mateo 6:31 lbla

> *Las preocupaciones no nos librarán de las penas de mañana; sí, nos dejarán vacíos, hoy, de su fuerza.*
> Corrie ten Boom

Por lo tanto, no se angustien por el mañana, el cual tendrá sus propios afanes. Cada día tiene ya sus problemas.
Mateo 6:34 nvi

*Las manos fuertes de Dios tornaron la corona de espinas en
una corona de gloria; y en tales manos estamos seguros.*
CHARLES WILLIAMS

Los llevarán delante de los jefes del pueblo y a los reyes, por
causa de mí. Así podrán hablarles de mí a ellos y a los que no
son judíos. Cuando ustedes sean entregados en sus manos, no
se preocupen por lo que tendrán que decir, o cómo lo deberán
decir, porque Dios les dará las palabras cuando llegue el
momento. No serán ustedes los que digan las palabras, pues el
Espíritu del Padre hablará por medio de ustedes.
MATEO 10:18–20 NUEVA VIDA

*Cada noche le encargo mis preocupaciones a Dios. Total,
él se mantendrá despierto mientras yo duermo.*
MARY C. CROWLEY

En la multitud de mis pensamientos dentro de mí, Tus
consolaciones alegraban mi alma.
SALMOS 94:19 RVR1960

Dios mío, mira en el fondo de mi corazón, y pon a prueba mis
pensamientos.
SALMOS 139:23 TLA

La ansiedad en el corazón del hombre lo deprime, mas la buena
palabra lo alegra.
PROVERBIOS 12:25 LBLA